Crois en tes rêves!

MICHEL PROULX

Crois en tes rêves!
Version 1

ISBN 978-2-9814399-0-1

Introduction

Si Dieu existe, c'est un humoriste qui a le sens du *timing*!

Il y a six ans, j'ai commencé à donner du sang. Je déteste, mais l'extraordinaire sentiment d'avoir fait quelque chose de bien qui m'habitait par la suite compensait les sueurs froides. Drôle de timing, puisque six mois plus tard, ma fille Élyka fut hospitalisée et a eu besoin de deux transfusions de sang. On a eu peur, on a imaginé le pire, mais finalement tout est rentré dans l'ordre. Est-ce un hasard que ma fille ait eu deux transfusions, alors que j'avais fait deux dons de sang? Probablement, mais parfois j'aime croire qu'il n'y a pas de hasard dans la vie.

Est-ce que je suis croyant? À mes heures, c'est-à-dire quand ça fait mon affaire ou quand je me sens impuissant face à une situation comme celle-là. Je veux bien me moquer de tout ça, mais en janvier 2012, j'ai voulu aider une connaissance à amasser des fonds pour lutter contre le cancer et quelques mois plus tard, après une série de tests, le médecin est clair; la tumeur qui s'est logée sur ma glande thyroïde est cancéreuse. Évidemment, j'ai vécu toutes les gammes d'émotions et la dernière émotion que j'ai eue était un fou rire! Je me suis vraiment dit que si Dieu existe, c'est un sacré farceur!

Écoute, je me suis offert pour organiser cette soirée bénévolement, j'ai reçu humblement mes amis humoristes sans les payer, car nous étions tous solidaires à la cause et Dieu lui, qu'est-ce qu'il fait pendant cette soirée? Il me refile une cochonnerie! La prochaine fois, je vais plutôt organiser une soirée pour les millionnaires et je vais attendre cette fois qu'il me refile un chèque!

C'est drôle parce que depuis que le médecin m'a préparé à cette fatalité, tout d'un coup j'ai envie de monter sur scène. J'ai à nouveau le goût d'être humoriste, j'ai à nouveau le goût de donner une conférence de motivation pour que les gens croient en leurs rêves. Il y a 1 à 2 % de chance qu'après mon opération je me retrouve avec la voix de Mag-Dog Vachon, pour les plus jeunes qui ne le connaissent pas, c'était un lutteur populaire dans les années 70 ou 80 et il avait une voix très rauque. Il y a des gars qui sont fiers de leurs biceps, des filles qui sont fières de leurs seins, moi, ma fierté, c'est ma voix. On m'a souvent dit que j'avais une voix radiophonique, alors vous comprendrez que j'ai la chienne de perdre cette sonorité!

Il y a plusieurs années, j'ai reçu en cadeau un livre sur les épices anti cancer. Ma famille et mes amis sont écœurés de goûter le curcuma chaque fois qu'ils mangent à la maison et tout ça pourquoi? Il y a un cancer présent sur ma gorge et il y a 100 % de chance que tout le monde rit de moi et mes épices qui goûtent parfois l'outre-tombe!

Je crois que mon problème a été le stress et la haine. J'ai fait des choix dans ma vie, de bons choix, mais les assumer, c'est autre chose. Argent, amour, sommeil, temps, travail et études. Pourtant, je ne sais pas pourquoi je me stresse avec la vie puisque tout s'est toujours terminé dans le positif. J'ai toujours fini par avoir tout ce que je voulais. Tout! Dès le moment où j'ai pensé avoir quelque chose, j'ai été animé par l'envie et la détermination. J'ai toujours refusé l'échec. En bout de compte, j'ai tout eu, mais parfois le chemin est difficile et plutôt que de lâcher prise sur ce que je ne peux faire ou changer, et bien je stresse.

Aujourd'hui, un combat s'amorce, mais le taux de guérison est exceptionnellement bon. Je me rends compte que je ne dois pas détourner mon regard de mes objectifs : écrire un livre, écrire de l'humour, écrire des émissions télé, écrire pour la scène, remonter sur scène, donner des conférences de motivation et oui, c'est vrai, faire le tour du monde.

J'ai décidé d'avoir cinq enfants, ce n'est pas pour les abandonner! Je me suis marié pour le meilleur et pour le pire et le pire ne sera pas au rendez-vous!

Il y a plusieurs années, j'ai dû être en arrêt de travail pour trois mois à cause d'une fracture et, sans cet arrêt, je n'aurais pas rencontré mon épouse. D'ici peu, je serai quelques semaines arrêté et j'ai hâte de voir cette fois le cadeau que la vie m'apportera!

Je termine en disant qu'il y a quelque temps, j'ai coécrit une chanson avec mon ami Vincent Lemay-Thivierge. La chanson se nomme « Mets le vent dans tes voiles », le refrain dit, entre autres : « Crois en tes rêves, c'est ton bateau, mets le vent dans tes voiles » et peu de temps après avoir écrit cette chanson, mon ami Vincent est allé la chanter à « Opération enfant soleil »! Comme quoi, si Dieu existe, alors c'est un humoriste qui a le sens du *timing*!

Préface

LORSQUE MICHEL M'A DEMANDÉ DE LUI FAIRE LA PRÉFACE DE SON LIVRE J'EN FUS TRÈS HONORÉ.

J'AI LU SON LIVRE ATTENTIVEMENT, CAR JE CONNAIS MICHEL DEPUIS QU'IL À HUIT ANS. EN 1982, SES PARENTS SONT DEVENUS MES AMIS POUR LA VIE.

NOUS AVONS TOUJOURS ÉTÉ PROCHES ET NOUS LE SOMMES TOUJOURS.

À LA LECTURE DE SON LIVRE, J'AI RECONNU MICHEL DEVENU UN HOMME AVEC UN VÉCU PLEIN DE DÉFIS ET TOUS LES UNS APRÈS LES AUTRES, IL LES A RELEVÉS LA TÊTE HAUTE ET LE CŒUR VAILLANT.

SON VÉCU FAIT PREUVE DE COURAGE ET D'UNE TÉNACITÉ SANS PAREIL, ET JE CROIS QUE SON LIVRE VA AIDER DES MILLIERS DE GENS DE TOUT ÂGE.

JE RECOMMANDE HUMBLEMENT LA LECTURE DE SON LIVRE, CAR POUR

RÉALISER SES RÊVES, ÇA PREND DE LA PATIENCE ET DE LA DÉTERMINATION.

CE TOUT PREMIER LIVRE N'EST QUE LE DÉBUT D'UNE LONGUE CARRIÈRE, COMME CONFÉRENCIER ET AUTEUR. J'AI LA CERTITUDE QUE MICHEL VA CHANGER DES VIES POUR LES GÉNÉRATIONS À VENIR.

JE VOUS LAISSE À CETTE LECTURE INSPIRANTE QUI AURA UN IMPACT SUR VOTRE VIE ET CELLE DE TOUS CEUX QUE VOUS AIMEZ.

BONNE LECTURE!

RAY VINCENT
AUTEUR DE HUIT BEST SELLERS
CONFÉRENCIER ET COACH.

http://www.rayvincent.com/index.html
http://www.raymondvincent.com/Le-Conferencier.php?lg=1

Chapitre 1

Une jeunesse bien modeste

J'ai passé ma jeunesse dans le quartier pauvre de Brossard, mes parents ne faisaient pas de gros salaire, alors une fois l'hypothèque payée, il ne restait pas grand-chose. Il nous est malheureusement arrivé trop souvent de se faire couper le téléphone et l'électricité. Disons que c'est gênant quand tes amis te demandent pourquoi ça ne marche pas quand ils t'appellent ou bien quand le téléphone sonne en présence de tes amis, mais que tu ne réponds pas, de peur que les collecteurs appellent.

Je me rappelle avoir envié le garde-manger bien rempli de certains de mes amis. Je me rappelle la variété, le choix des collations, mais chez nous, durant un moment, la plupart du temps on mangeait de la misère pour souper et nous n'avions pas droit à une deuxième assiette!

Je crois qu'aujourd'hui si j'apprécie ce que j'ai, c'est grâce au fait que je n'ai jamais eu tout cuit dans ma bouche. En fait, je ne pouvais pas rien avoir de tout cuit dans la bouche, puisque nous n'avions pas de cuisinière! OK, j'avoue, on n'était pas riche, mais on avait des électroménagers. J'aime mettre une touche d'humour! Je ne dis pas que ceux et celles qui naissent dans un milieu plus aisé sont moins reconnaissants pour ce qu'ils ont, mais moi, je crois que ça m'a aidé. De plus, j'aime bien trouver un côté positif aux épreuves que la vie met sur notre chemin. J'y reviendrai plus loin, mais avec du recul, chaque épreuve apporte quelque chose de bien, le problème c'est quand les ennuis arrivent, on veut des réponses sur le champ, mais si on accepte ce qui se passe, après un certain temps, on constate que quelque chose de bien ou de mieux est arrivé, d'où l'expression : « Il n'y a rien qui arrive pour rien ».

Ma mère a toujours été croyante, elle n'allait pas à l'église, mais elle a un côté très spirituel. Elle disait toujours qu'on était pour s'en sortir, elle avait la foi. Elle m'a transmis ce côté d'elle, j'ai foi en la vie. Je crois qu'on a un chemin plus ou moins tracé, tout dépendant de la direction qu'on veut prendre et que chaque décision qu'on prend nous emmène d'un côté ou de l'autre. Il n'y a pas de mauvais choix, seulement des résultats différents.

J'ai la foi en moi! Je crois en moi! Je sais que cela a l'air prétentieux, mais je sais que lorsque je me fixe un objectif, je l'atteins. Ce n'est pas toujours facile, mais avec la volonté, on peut y arriver. Je suis une personne très motivée, probablement parce que je suis tombé dans un baril de motivation quand j'étais jeune. Effectivement, puisque lorsque j'avais environ sept ou huit ans, mon oncle Mario a téléphoné à ma mère pour lui suggérer d'écouter un conférencier qui avait son émission télé sur le câble. Il s'agissait d'un conférencier motivateur du nom de Ray Vincent. Mes parents ont regardé l'émission et peu de temps après, ont assisté en direct à ses conférences. Comme l'entrée était libre, ils nous emmenaient ma sœur et moi. Bref, c'était une sortie qui ne coûtait pas trop cher!

Je me souviens qu'au début nous allions souvent dans un sous-sol d'église assister à ses conférences. Je me rappelle avoir été impressionné non seulement par la caméra, mais surtout par le monsieur sur la scène. Malgré mon jeune âge, j'étais très attentif et je comprenais presque tout ce dont il parlait. Ensuite, mes parents devenus accros le suivaient dans d'autres lieux où se tenaient d'autres conférences. À mon grand plaisir, on suivait nos parents.

Petit à petit, mes parents et Ray sont devenus amis. Parfois, il venait souper à la maison, parfois c'était nous qui allions souper chez lui. J'étais impressionné par sa maison sur le mont St-Hilaire, qui était, bien entendu, beaucoup moins modeste que la nôtre!

Je me rappelle que vers l'âge de treize ans, Ray m'a demandé si j'aimerais un jour donner moi-même une conférence, mais à l'époque j'étais tellement timide que je n'envisageais même pas l'idée. Pourtant, j'aimais tellement l'odeur de la scène et le côté de l'arrière-scène, que ça soit dans un sous-sol d'église ou dans une salle de conférence d'un hôtel, j'étais bien. Encore aujourd'hui, que je sois sur scène ou derrière celle-ci, j'ai l'impression de sentir le passé rattraper le présent.

Je ne voulais pas faire cela dans la vie et pourtant, c'est à la même époque que je me suis imaginé sur scène, à faire rire les gens; j'étais en secondaire II et, à ce moment, j'aimais également regarder à la télé les spectacles d'humour. J'avais un faible pour les monologues qui, selon moi, sont sans doute liés au fait que depuis des années je voyais un homme seul, sur scène avec un micro. J'aimais regarder Pierre Lebel à l'époque de ses monologues et surtout, comme tous les humoristes de ce monde, j'avais comme idole Yvon Deschamps. Donc, pour en revenir à la première fois que je me suis imaginé sur scène, j'étais couché un soir et je m'imaginais debout sur une table de la cafétéria de mon école, je me voyais faire un monologue où je faisais des gags sur mon prof de français. En humour, on appelle ça un bien-cuit. Dans ma tête, tout le monde riait, mais jamais, au grand jamais, je n'ai pris quelque démarche que ce soit pour m'impliquer dans un spectacle de l'école. Ce n'est qu'environs dix ans plus tard que j'ai fait mon premier monologue, dont je vous en parlerai plus loin.

Ça m'aurait fait du bien de faire de la scène plus jeune, moi qui avais tellement besoin d'attention! (Bon, j'avoue, j'en ai encore besoin!)

Est-ce que j'étais un clown à l'école? En général oui, c'est juste que malheureusement, il y avait seulement les élèves qui comprenaient mon humour, alors je me retrouvais trop souvent dans le corridor et cela a nui à mes études. J'ai donc dû prendre une année de plus pour finir mon secondaire.

C'est triste, mais ma créativité fonctionnait très bien lorsque j'étais en confiance et très peu dans la gêne, alors si, dans mon parcours scolaire je me retrouvais dans une classe où je ne connaissais pas personne, il n'y avait pas beaucoup de gags qui sortaient de ma bouche, mais s'il y avait au moins une personne que je connaissais et que j'étais en confiance avec elle, mes niaiseries me permettaient alors de prendre un repos forcé dans le corridor! Heureusement pour moi aujourd'hui, je suis capable de mettre beaucoup d'humilité dans ma vie et je n'ai plus peur du ridicule, alors je ne me gêne pas pour lancer un gag, et ce, peut importe l'auditoire.

À cette époque, comme tous les adolescents du coin, j'ai fait le tour des drogues pour le fun et heureusement pour moi, je n'ai pas accroché, je n'aimais pas plus qu'il le faut le « feeling ». La seule drogue dont j'ai trop abusé, si cela en est une, c'est de la colle! Eh oui, j'ai sniffé de la colle! Là, je vais sortir un stéréotype, mais mon attirance pour les plaisirs cérébraux avec la colle vient sans doute de mes racines autochtones!

Ha! Ha! Je sens déjà un malaise! Colle vs autochtone! Oui, je suis un Métis, mais non, la colle n'a rien à voir là-dedans; je voulais seulement créer un petit malaise!

Ma grand-mère maternelle est du Manitoba, donc par défaut je suis Métis, Métis de la Rivière-Rouge. Mes ancêtres ont bâti le Manitoba. Plus jeune, je n'en parlais pas trop, c'était un peu tabou d'avoir du sang indien et ma grand-mère était plutôt discrète sur le sujet.

Après la pendaison de Louis Riel, 75 % des Métis ont fui le Manitoba pour les provinces plus à l'ouest et mon arrière-grand-père lui, n'avait probablement pas trop le sens de l'orientation puisque, lorsque ma grand-mère avait 15 ans, il a décidé de venir s'installer au Québec? Pourquoi? Est-ce que c'était pour fuir son sombre passé? Possible puisqu'il a abusé d'une des tantes de ma mère, ce qui expliquerait aussi pourquoi ma mère serait née à Kahnawake. Un Métis d'origine Cris et Ojibwé en territoire Mohawk? Pour plusieurs personnes qui font partie des Premières Nations, dès que tu as un des deux parents qui est Blanc ou Métis, tu n'es plus autochtone, c'est pourquoi je me demande toujours comment mon arrière-grand-père a été capable de se retrouver là!

Peu importe, aujourd'hui je clame haut et fort mes racines et oui, je paye mes taxes comme tout le monde! Le seul privilège que je pourrais avoir serait que si j'allais habiter au Manitoba, alors là, je pourrais pêcher et chasser sans permis sur le territoire accordé au Métis. Pour ce qui est du Québec, le seul avantage est ma fierté! Non, mais c'est cool de savoir qu'une partie de mes ancêtres Cris, ont quitté le Québec en 1800 quelques pour s'installer au Manitoba et pendant qu'ils faisaient des enfants, d'autres de mes ancêtres blancs, ont aussi quitté le Québec pour aller faire des bébés avec des Cris et des Ojibwés du Manitoba pour créer des p'tits Métis qui, par la suite, se sont installés sur le bord de la Rivière-Rouge. C'est cool de savoir qu'un p'tit Métis et une Cris ont décidé de s'accorder et de faire mon arrière-grand-père!

Bon, lâchons la tranche d'histoire pour retourner dans les années 1990.

J'ai finalement quitté Brossard après mon secondaire V pour me retrouver dans un appartement à Montréal. J'ai essayé un D.E.P. dans les systèmes d'alarme, mais je n'ai pas aimé, c'est pourquoi je me suis promené de travail en travail pendant quelques années.

Chapitre 2

Ma première fois

Je suis rendu un jeune adulte, ou je devrais plutôt dire un vieil ado! Début vingtaine, je vois la nouvelle vague d'humoristes : les Huard, Massicotte et cie, je disais toujours que j'aurais aimé ça moi aussi être un humoriste et faire rire les gens. J'étais à l'époque nouvellement marié avec ma première épouse, qui se trouve être la mère de ma grande fille qui est aujourd'hui âgée de dix-huit ans et souvent, je lui disais ce que je viens de vous dire, je lui décrivais la fois où je m'imaginais faire un monologue. Elle, elle m'écoutait radoter toujours la même histoire.

Un jour, alors qu'elle était conseillère pour les fameux plats de plastique « *Tupperware* », elle est arrivée à la maison après une réunion d'équipe en me disant qu'au party de Noël, il y aura un spectacle amateur et que son amie Caroline avait inscrit son conjoint. Je lui ai demandé ce qu'il était pour faire, elle m'a répondu qu'elle ne le savait pas et que d'ailleurs, lui non plus, puisque Caroline l'avait inscrit à son insu.

J'ai répondu que son amie n'était pas correcte et c'est là qu'elle m'avoua qu'elle m'avait inscrit également! « Ben voyons! Je ne comprends pas, je ne danse pas, je ne chante pas! Qu'est-ce que tu veux que je fasse là? » Elle me regarde et me dit : « Tu n'arrêtes pas de dire que tu rêvais d'être humoriste, ben fait de l'humour! » Bang! J'étais saisi! Deux jours plus tard, j'avais écrit mon premier monologue et je commençais à le répéter puisque le spectacle avait lieu une semaine plus tard.

Alors que je répétais, la mère de ma fille a pris le téléphone et a téléphoné à sa gérante pour lui demander de m'inscrire au spectacle, que j'étais pour faire un monologue. « Quoi? Je n'étais pas inscrit? » Elle m'a dit que non, mais puisque j'avais réussi à écrire un monologue, je devais monter sur scène maintenant! Je lui ai demandé de rappeler sa gérante pour annuler ma présence, ce que, bien sûr, elle refusa en riant.

Le grand soir!

Le grand soir est arrivé. Nous entrons dans une salle et il y a environ cent-cinquante personnes que je vois pour la première fois, beaucoup de cheveux blancs et de cravates.

Je suis intimidé, non, plutôt terrorisé! Je regarde mon épouse ci-après appelée mon ex, et je lui dis d'oublier le projet! Je ne monte pas sur scène ce soir, sinon je vais me faire crucifier, c'est certain! Les gens vont me tuer puisque mon monologue se nomme : « Comment vivre avec une conseillère Tupperware » où j'explique l'envers de la médaille des conseillères, le fait que le mari passe trop de soirées seul.

Donc, mon ex est d'accord avec moi, qu'effectivement, si je fais mon monologue, je risque de me faire haïr. C'est là qu'elle me pointe une dame et me dit que c'est elle que je dois aviser, car c'est l'organisatrice du spectacle.

Le cœur battant, je me lève de mon siège, je me dirige vers Suzanne, la dame en question, dont j'ai su par la suite qu'elle était une comédienne professionnelle. C'est sans doute grâce à son expérience qu'un spectacle avait été monté.

Je me présente donc à Suzanne, je lui dis que je ne peux pas faire mon monologue. Elle me regarde et me demande pourquoi. Je lui réponds simplement que je ne me rappelle que de quelques lignes, bref, je ne me rappelle que des p'tits bouts! « Ben c'est ça, tu feras juste des p'tits bouts! » qu'elle me répond!

Pas mal hein comme réplique! Je pense qu'elle avait bien compris que quelque chose de nouveau en moi prenait vie, quelque chose de puissant dont j'ignorais même l'existence, c'est-à-dire… le trac!

C'était épouvantable, je me revois encore, assis, regardant les gens monter sur scène un après l'autre, je crois qu'il n'y avait que des dames qui chantaient, pas d'autres choses, pas d'autre art. Que du chant et moi. J'avais les mains moites, j'avais peur, mon cœur voulait sortir de ma poitrine et je me demandais bien ce que je faisais là! Pourquoi avoir écrit? Pourquoi je n'ai pas simplement dit à Suzanne que je n'avais rien d'écrit? J'aurais pu m'en sauver, mais non, pauvre idiot que je suis, il a fallu que je lui dise que je me rappelais des p'tits bouts de mon texte.

Ça y est, après la prestation d'une autre chanteuse, l'heure zéro arrive. Suzanne reprend le micro, le temps fige! Je me lève de ma chaise, je me dirige vers la scène pendant que Suzanne me présente. Je ne sais pas comment je fais pour mettre un pied devant l'autre tellement mes genoux tremblent.

Je prends le micro, ma bouche est sèche, ma voix tremblote autant que me genoux, je commence mon monologue, un premier rire. Mes genoux et ma voix ont apprécié la réaction du public et se mettent d'accord pour m'accorder un répit. Je savoure mon moment, à ma grande stupéfaction, les gens embarquent dans mon histoire, ils aiment ça et ils rient. Environ cinq ou six minutes se sont déjà écoulées, j'arrive à la fin de mon numéro, j'arrive à mon punch-out!

Qu'est-ce qui se passe? Est-ce qu'il y a un feu? Non! J'ai le droit à mon premier « standing ovation », moi qui croyais me faire lancer des tomates en mettant un pied sur scène et voilà que les gens sont debout et m'applaudissent. Je ne comprends pas ce qui se passe, je demande aux gens de se rasseoir, mais non, ils restent debout à m'applaudir. Aujourd'hui revivre une même situation, je resterais une minute de plus sur scène à savourer les applaudissements et cette ovation, puisque ce n'est pas tous les jours que l'on peut vivre çà.

Les gens viennent me féliciter individuellement en me demandant à quel endroit il pouvait me voir sur scène et je leur explique que je suis un peu abasourdi puisque j'en suis à ma première fois et qu'aucun projet de scène n'était prévu.

Par la suite, à chaque événement Tupperware de ce centre de distribution, on me demanda de faire un petit quelque chose. C'est clair que malheureusement, ce n'était pas aussi réussi que mon premier monologue. J'essayais des sketches et des parodies, mais encore une fois, je n'étais pas aussi bon que ma première fois.

À un certain moment donné, j'ai dis à mon ex que j'aimerais bien aller à l'école de l'humour parce que là, je tourne en rond, je veux apprendre et j'ai la piqûre de la scène, ce qu'elle refusa catégoriquement sous prétexte que j'avais une fille de deux ans à m'occuper.

Je lui ai alors dit que je pourrais faire le tour des bars puisqu'après tout, tous les artistes le disent que c'est la meilleure école, mais non, ça non plus ça ne faisait pas son affaire, elle avait peur que je me mette à prendre un coup et à être infidèle! Est-ce que je vous l'ai dit qu'elle était jalouse, possessive et contrôlante? OK, je n'embarque pas là-dedans tout de suite, je n'ai pas envie de me lancer dans une session de *bitchage*! (Bon, OK, je vais finir cette partie-là du livre et je vais entrer plus en détail sur cette haine envers elle qui m'a habité si longtemps. On dit que si on parle de notre bonheur, on multiplie notre bonheur et si on parle de nos malheurs, on les divise!)

Donc, à défaut d'aller à l'école et dans les bars, je me suis quand même mis à écrire des textes qui n'avaient plus aucun lien avec les plats de plastique, j'écrivais beaucoup et je pratiquais même les textes au cas où. Malheureusement, je me suis tanné d'écrire pour rien et j'ai fermé mes notes pour quelques mois.

Je viens de vous parler d'une de mes passions, oui, une, parce que moi, voyez-vous, je suis passionné par plusieurs choses, dont le camionnage aussi. Étant adolescent, mon oncle qui était camionneur m'emmenait souvent avec lui en camion semi-remorque. Alors, lorsqu'au secondaire mon orienteur me demande ce que je veux faire, je réponds : camionneur. À l'époque, aucun D.E.P. n'existait pour cette profession. Les compagnies de transport exigeaient seulement que la personne soit âgée de plus de vingt-cinq ans pour une question d'assurance. OK, alors mon plan de match était d'étirer mon temps jusqu'à ce que j'atteigne l'âge nécessaire.

Arrivé à cet âge, j'étais encore avec la mère de ma première fille, plus communément appelée : « mon ex ». Je téléphone dans plusieurs écoles de conduite, mais le prix d'un cours pour conduire les semi-remorques s'élève à plusieurs milliers de dollars, une somme que je n'avais pas. Ce n'est pas grave, je parle à mon ami qui est lui-même camionneur à l'époque et il m'offre de m'enseigner gratuitement pendant ses heures de travail.

Tout semblait parfait dans ma tête jusqu'à ce que je décide de parler de mes intentions à mon ex! Ha! Ha! Elle n'était pas non plus d'accord à ce que je conduise un camion et que je parte plusieurs jours. Nous ignorions à l'époque que je pouvais faire des livraisons locales et être à la maison chaque soir. De plus, lorsque je lui ai dit que mon ami me montrerait comment conduire un camion, elle refusa à nouveau, car elle était certaine qu'après le travail, nous irions prendre un verre.

Bon je sais, je vous entends réfléchir, vous vous demandez où étaient mes couilles? Probablement entrées par en-dedans, mais en même temps, dans un couple, les décisions se prennent souvent à deux. (J'aime tellement ça me trouver des raisons!) Dieu merci, alors que ma première fille n'avait qu'environ six ans, je me suis décidé à quitter sa mère et c'est une des meilleures décisions que j'ai prises dans ma vie, puisqu'à partir de ce moment, je me suis écouté moi!

Si je résume, j'ai commencé à avoir le goût de la scène en regardant un conférencier qui me disait dès lors que si on veut, on peut! Que l'idée de la scène, je l'ai visualisée alors que je m'imaginais faire un monologue sur une table de la cafétéria lorsque j'étais en secondaire deux.

Depuis que j'étais jeune, je sentais l'odeur de la scène, je m'imaginais y être, ce qui me laisse croire que si on veut atteindre un rêve, un objectif, il faut d'abord le créer en pensée. Cela a été long avant que je monte sur les planches pour une première fois, pourquoi? Parce que même si l'idée germait en moi, je n'ai pas passé à l'action. J'ai attendu que les choses arrivent d'elles-mêmes, c'est pourquoi mon cheminement a été si long.

Voyez-vous, si, au secondaire j'avais mis ma timidité de côté, si je m'étais écouté, si j'avais suivi mes émotions que j'avais pour la scène, j'aurais participé au spectacle de fin d'année! J'aurais dû m'impliquer davantage. Mais non, je n'ai pas écouté ma petite voix intérieure. La seule action positive, la seule chose de concret que j'ai fait, c'est d'en parler à mon ex! (Mis à part ma fille que j'ai eue avec elle, il faut bien qu'il ait eu un peu de positif à cette relation!)

Une toute petite action, en parler! Imaginons si j'avais osé en parler avec un enseignant! C'est pour ça que je dis qu'il est primordial de s'écouter, mais attention, je ne dis pas d'être égocentrique, loin de là. Je crois que si nous sommes en couple, on peut faire des compromis.

Si je prends, par exemple, l'humour : quand j'ai dit à la mère de ma fille que j'aimerais aller à l'école de l'humour, j'aurais peut-être dû vérifier si des cours de soir se donnaient!

Ou si je prends la fois qu'elle m'a exprimé son refus pour que j'apprenne à conduire des camions, j'aurais dû comprendre et... sacré mon camp! OK, ça, c'est de l'humour! Je ne me suis pas écouté et je suis resté avec elle encore quelques années.

Bien qu'un rêve commence à se réaliser avec une pensée, ce n'est pas de la magie, ça prend de la rigueur et de la détermination pour arriver à son objectif. Si tous les jours tu te dis que tu aimerais changer de carrière et que tu ne regardes même pas les emplois disponibles, je ne crois pas que le téléphone sonnera de lui-même.

Chapitre 3

On m'a légalement volé ma fille
On dit que ce qui ne tue pas rend plus fort !

Aujourd'hui, 38 ans, marié, père de cinq enfants, dont quatre vivent avec moi. Finissant 2011, programme auteur à l'École nationale de l'humour (ENH). En début d'année scolaire, Luc Boily, enseignant à l'ENH, nous dit : « Ce qui est bien avec l'écriture, c'est qu'elle te sert à vomir ton mal de vivre sur papier. »

Tel un étudiant le lendemain de brosse, je prendrai quelques pages de ce livre pour me vider le cœur, car un jour, quelqu'un m'a légalement volé ma fille!

Je suis papa de cinq enfants, mais de deux différentes unions. J'ai une grande fille aujourd'hui âgée de dix-huit ans que j'ai eue avant de rencontrer mon épouse actuelle.

Aujourd'hui, nous sommes dimanche, je suis allé reconduire ma grande fille de dix-huit ans au terminus d'autobus où elle doit faire environ deux heures pour se rendre chez elle, soit chez sa mère où elle vit. Elle a passé une journée et demie sur quatre mois à la maison, plutôt qu'une semaine sur deux comme j'ai toujours espéré. Elle a beau être majeure, chaque fois que je la reconduis à l'autobus, j'ai le cœur brisé et je pleure en silence. Je suis papa de cinq enfants, je ne suis sans doute pas le meilleur père au monde, mais il y a onze ans maintenant, la mère de mon enfant m'a légalement volé ma fille et personne ne mérite ça.

Mon but avec ces quelques lignes est non seulement d'apaiser ma douleur, mais espérer qu'un jour au Québec, la garde partagée soit systématique lors d'une séparation et que, si un des deux parents décide de déménager à une distance ne pouvant plus permettre la garde partagée, il aura besoin d'une très bonne justification avant d'éloigner l'enfant de l'autre parent. Mon but reste également de vous prouver que, même après de lourdes épreuves, il est possible de poursuivre ses rêves et surtout… sa joie de vivre!

Je ne veux pas perdre de temps à vous parler de la mère de ma grande fille, puisque je crois que dans ma vie, elle m'en a assez fait perdre. Je ne vous parlerai pas de notre rencontre, ni de ses qualités. Je vous parlerai seulement de ses défauts de caractère qui l'ont poussé à s'enfuir avec ma fille. Je vous parlerai seulement de la rage qui m'habite encore après tant d'années. Malgré deux thérapies pour enlever le mal qui me gruge en dedans, j'ai essayé en vain, mais il m'est impossible de lui pardonner d'avoir tout fait pour m'éloigner de ma fille.

Encore une fois, ce n'est pas une séance de « bitchage », l'objectif premier de se livre reste de vous montrer que peu importe les obstacles sur notre chemin, on peut réussir à s'en sortir et à faire ce qu'on veut ou presque.

Ma grande fille est née en 1994 et dès que sa mère est tombée enceinte, j'ai remarqué un changement dans son comportement. Elle n'était plus la même avec moi. La femme joyeuse n'était plus. Je croyais au début que c'était les hormones, car enceinte il y a un débalancement hormonal, mais six mois après avoir accouché, elle n'était pas redevenue comme elle était. Aujourd'hui, presque vingt ans plus tard, je comprends qu'avant d'être enceinte, elle n'était pas elle-même, c'était « fauné » son affaire. Une fois enceinte, c'est le naturel qui est revenu, mais pas au gallot, non, plutôt en « Formule 1! » Elle est une contrôlante compulsive et une menteuse par excellence.

J'ai souvent songé à la quitter, mais lorsque ma fille avait deux ans, alors que j'étais au travail, j'ai reçu un appel me demandant de me rendre le plus vite possible à l'hôpital, car ma fille a failli perdre la vie. Je suis vite parti de mon travail et rendu sur place, on m'a expliqué que la maman de ma fille l'a laissé seule un moment sur le balcon du deuxième étage de l'appartement où nous habitions pour aller répondre au téléphone. Vous imaginez le résultat! Oui! Ma fille est tombée du deuxième, sa tête a frappé le fer forgé de la rampe du balcon du premier étage, puis elle a atterri sur le gazon. Heureusement pour ma fille, elle s'en est bien tirée, puisqu'après trois jours en observation, ils l'ont laissée revenir à la maison. À partir de ce moment, je me suis dit qu'étant donné que ma fille n'a que deux ans, je vais au moins attendre qu'elle soit rendue à l'âge de cinq ans avant de quitter sa mère. Je me suis dit qu'une fois à la maternelle, elle sera plus autonome et que je n'aurai plus à la protéger autant.

Si vous demandez à sa mère, elle vous dira que c'est faux, puisqu'il y a environ deux ou trois ans, ma fille est arrivée à la maison en me disant que sa mère lui a dit que lorsqu'elle était bébé, elle était très espiègle, étant donné qu'elle a réussi à sortir seule de l'appartement pour ensuite grimper sur la rampe du balcon avant de faire une chute.

J'étais encore, pour la millième fois hors de moi. Jamais sa mère ne va admettre ses torts! Je sais qu'il n'est pas bien d'impliquer les enfants dans une guerre contre l'autre parent, mais je n'ai pu m'empêcher de dire à ma fille de téléphoner à une amie pour lui confirmer ma version des faits.

Est-ce que je suis parti quand ma fille a eu cinq ans? Non. Malheureusement, non. Je n'étais pas mieux dans ma relation, mais à force de remettre à plus tard mon départ, je crois avoir développé une dépendance affective. J'étais pris dans un inconfort connu.

En sept ou huit ans de vie commune, j'ai dû faire mes valises quinze fois. Une fois, j'étais vraiment décidé, mes valises étaient faites et elle m'a fait faire demi-tour en m'avouant qu'elle avait caché un couteau pour s'ouvrir les veines si je partais. Elle m'a dit : « Tu ne me crois pas? Va voir, il manque un couteau à steak. » Elle avait raison! Je n'aurais jamais dû revenir, peut-être que je n'aurais pas eu autant de problèmes! Ben non! C'est une blague! On appelle ça de l'humour noir!

Avec les années, elle a réussi à m'éloigner de ma famille et de mes amis, alors je me sentais bien seul. Si je croisais quelqu'un que je connaissais, j'espérais qu'elle ne m'aperçoive pas puisque j'avais honte. J'avais honte de dire que je ne pouvais pas accepter d'aller prendre un café parce que ma blonde était jalouse et contrôlante. Que j'aurais droit à une crise si j'acceptais. Je me rappelle combien j'étais mal dans ma peau. Tu sais quand tu te couches le soir et que tu te tapes sur la tête, que tu te dis que ce n'est pas la vie dont tu rêvais? J'en étais rendu là. Tous mes rêves, tous les buts que je m'étais fixés étaient éteints. Comme je disais plus tôt, humour et camionnage, on oublie ça!

Elle refusa tout, car elle disait que j'étais pour aller courailler avec d'autres filles. En fait, elle avait probablement peur que je comprenne qu'une relation n'est pas basée sur le contrôle de l'autre et oui, j'aurais couraillé. En fait, pour être franc, je n'ai pas toujours été rose moi non plus, puisqu'à vingt-quatre ou vingt-cinq ans mesdames, l'homme en général a une libido accotée dans le plancher alors si vous nous privez de toute relation sexuelle, il est normal qu'après six mois d'abstinence, que la bête en nous remonte à la surface. C'est vrai, regardez la nature, il y a un cycle sexuel, nous sommes faits pour nous reproduire. C'est certain que dans la vraie vie, on a des moyens de contraception, mais à part l'homme, la faune se reproduit, c'est le cycle de la vie, alors priver l'homme de sexe, c'est contre nature. Mesdames et messieurs, il y a une phrase que vous devez retenir pour que votre amour reste : « C'est pas grave si tu ne t'occupes pas de ton chum ou de ta blonde, parce que si tu ne t'en occupes pas, il y a en a un autre qui va le faire à ta place! »

C'est vrai ce que je vous dis, être plusieurs semaines sans sexe pour un gars, c'est dramatique. Si vous privez votre partenaire pour les mauvaises raisons, c'est vous qui perdrez au change.

C'est vrai que je l'ai trompée et je n'ai aucun regret. Attention par contre, je ne dis pas que tout le monde doit tromper tout le monde, non! Je dis que si une personne a de la difficulté à s'offrir à son ou sa partenaire, que la personne ne veut ni consulter de psy ou de sexologue, qu'elle le fait que pour vous emmerder, bien c'est tant pis pour elle ou pour lui. S'il y a un problème au niveau de la sexualité dans un couple, il faut trouver ce qui ne va pas!

Un jour, j'avais un mal de vivre intense, je n'étais plus capable de vivre dans cette situation, vivre avec une femme que je n'aimais plus depuis longtemps, vivre avec une femme qui me brimait tous mes rêves. Je vivais avec une femme que pour ma fille et en même temps, je survivais grâce à ma fille! Un jour je suis allé voir un très bon ami à moi et je lui ai demandé de m'emmener à l'endroit où il avait été pour être bien. Ce qu'il a fait. Je ne le remercierai jamais assez! Il était tellement convaincu que je ne passerais pas la semaine, qu'il m'a dit de laisser ma voiture à la maison, qu'il était pour me reconduire et venir me chercher la semaine suivante.

Après une semaine intense en thérapie comportementale, j'ai appris à me connaître et à me respecter. Bref, j'ai retrouvé mes couilles! Je n'ai pas laissé toute de suite la mère de ma fille, puisqu'elle est allée également passé une semaine en thérapie. Je croyais qu'elle voulait se prendre en main, mais j'ai vite compris qu'elle y est allée pour savoir ce que j'allais y faire pour mieux me contrôler. Quelques mois plus tard, je me suis pris en main et je suis parti. J'ai vécu un mois chez mes parents et pour être certain de ne pas rester trop longtemps, j'ai décidé de ne pas ouvrir le divan-lit et de dormir le moins confortablement possible. Je voulais vivre seul. Comme je m'étais blessé à la suite d'une partie de paintball, j'ai dû bénéficier du chômage pendant trois mois, alors un gros merci à ma famille de m'avoir hébergé, nourri et déménagé puisque j'étais en béquille pendant plus de trois mois.

Au début, j'habitais chez mes parents, ensuite je me suis trouvé un petit appartement une-pièce et demie, le maximum que je pouvais m'offrir. J'allais chercher ma fille une fin de semaine sur deux et un soir dans la semaine. Comme je travaillais sur un petit camion de livraison et que je n'avais pas d'horaire fixe, il m'était impossible de voir ma fille davantage, jusqu'à ce que…

Chapitre 4

Une suite à sa folie!

Je suis heureux, j'habite seul dans mon appartement, je vois ma fille régulièrement et tout à coup, sans crier gare… Paf! Je tombe en amour! Eh oui, une belle fille de vingt-quatre ans, une fille sans enfant, qui travaille en garderie et qui a un œil sur moi! Habituellement je travaille tard le soir sur un petit camion, mais comme je suis blessé, mon patron m'offre un poste de répartiteur, ce qui me donne le temps d'avoir des activités en soirée et me rendre compte que si je ne retourne pas travailler sur la route après mon rétablissement, il pourrait m'être possible d'avoir la garde partagé. Un soir, la mère de ma fille veut qu'on se rencontre avant d'aller en médiation pour régler notre séparation. On parle de la pension alimentaire, de mes droits de garde et jusque-là, tout va bien. Malheureusement pour moi, j'ai trop parlé, car à un moment donné, je lui ai dit qu'actuellement, étant donné que je n'ai pas d'horaire de travail fixe, je ne peux pas avoir la garde partagée, mais que si un jour l'occasion se présente et que je fais du neuf à cinq, il serait normal que j'aie ma fille une semaine sur deux. Erreur! Erreur, puisqu'elle se leva, et me dit : « Jamais de la vie » et elle claqua la porte derrière elle. Je n'en ai pas fait de cas, puisque j'étais habitué à ses crises de colère. Pour vous dire, elle m'a même déjà lancé une assiette qui a atterri sur le mur derrière moi. Bon, elle n'est pas encore de bonne humeur et ce n'est pas grave, la vie continue, il y a même de l'amour dans l'air!

Nous sommes en novembre lorsque je rencontre cette jolie demoiselle de vingt-quatre ans, cette jolie dame qui est aujourd'hui non seulement la mère de quatre de mes enfants, mais également mon épouse. Elle rencontre ma fille, tout va bien, les deux s'entendent, je recommence à marcher sans béquille, je vie le parfait bonheur, puisque j'ai trouvé une copine exceptionnelle et, en plus, on m'offre officiellement un poste dans le bureau plutôt que sur la route, ce qui veut dire pour moi, une future garde partagée. J'ai réfléchi trop fort! Je débordais trop de bonheur. Cela faisait plusieurs mois maintenant que je prenais ma fille une fin de semaine sur deux et un soir dans la semaine pour le souper. Nous voici à la mi-décembre.

Nous sommes vendredi, mon vendredi! Celui que j'attends depuis dix jours, celui que j'attends depuis que je l'ai ramenée chez elle un dimanche soir comme les autres. Il y a une semaine et demie la mère de ma fille m'a claqué la porte au nez, mais ce n'est pas grave, le sourire de ma fille me manque et tout va s'effacer. J'arrive à la porte, sa mère me dit que dorénavant, parce que je suis rendu un mauvais père, je peux voir ma fille que les dimanches de neuf heures le matin à sept heures le soir.

Il fait noir, en fait non! J'ai un quasi-black-out! Je n'y comprends rien, ma fille crie derrière sa mère, elle veut me voir, elle ne comprend pas ce qui se passe, pas plus que moi d'ailleurs. Je n'ai qu'une seule envie, de m'élancer d'une droite pour faire tomber sa mère afin de récupérer ma fille, mais comme je ne suis pas violent, comme j'ai toujours voulu être un bon père, je ne l'ai pas fait. Seigneur que l'envie y est! Oups! Y était!

C'est difficile pour un père de ne pouvoir rien faire quand son enfant crie : « *Papa! Papa! Je veux partir avec toi! Laisse-moi partir maman!* »

J'ai ensuite pris mes jambes à mon cou et je suis allé au poste de police le plus près pour dénoncer la situation. Ha! Ha! Quelle farce!

J'ai croisé mon premier regard avec le système juridique, puisqu'on m'a demandé si j'avais un jugement. J'ai répondu que non, mais qu'elle non plus n'en avait pas, donc nous étions à égalité. Elle n'avait pas plus la garde que moi. On m'a dit : « *Vous savez Mr, c'est très difficile d'enlever un enfant à sa mère, alors je vous suggère fortement de prendre un avocat.* » Comme nous sommes toujours vendredi, j'ai dû attendre au lundi pour parler avec un avocat. Il m'a dit que comme nous n'étions qu'à quelques jours de Noël, aucun juge n'entendrait ma cause, alors il serait préférable pour moi de prendre ma fille le dimanche jusqu'à ce qu'on voit un juge. Comme je ne connais rien à la loi et qu'il était désormais mon avocat, j'ai suivi ses conseils. Après tout, c'est lui l'expert...

Nous sommes maintenant à la mi-février, enfin devant le juge, madame la juge que je devrais dire. Depuis avant les fêtes que je vois ma fille que les dimanches, j'ai hâte qu'on me redonne ma fille.

Son avocat demande à la juge, que l'on procède à une expertise psychosociale pour être certain que tout va bien, car selon madame, je suis un mauvais père. C'est tout! Pas un mot de plus de sa part. Mon avocat me suggéra de le faire ainsi; une fois fait, ils n'auront rien à me reprocher. J'ai accepté, mais j'ai vite compris qu'en attendant l'expertise, je ne pouvais voir ma fille encore que les dimanches.

Ces fameux dimanches! Demandez à mon épouse les souvenirs qu'elle en a! Ma petite fille cachée dans la garde-robe ou sous la table le dimanche après souper en criant et pleurant qu'elle n'avait pas passé suffisamment de temps avec moi. Moi, impuissant puisque la juge en avait décidé ainsi, sous aucun prétexte à part que j'étais un mauvais père selon les dires de madame, donc je devais ramener ma fille de force chez sa mère.

On a passé en cour en février et cela fait depuis décembre que ça traîne. On rencontre la psychologue chargée de l'expertise quelque part en avril et mai. « On » inclut : moi seul; ma fille et moi; ma fille, ma blonde et moi; ma fille, mon ex et moi; mon ex et moi!
Nous sommes dorénavant en juin, j'ai une copie du rapport où il est écrit qu'il est urgent que ma fille voit son père! Qu'elle le voit une fin de semaine sur deux, un mois l'été, une semaine à Noël, etc. Rien, rien ne

se passe. Je croyais que le même système qui avait été si rapide pour m'enlever ma fille aurait été aussi rapide pour me la ramener, mais non! Deux poids, deux mesures. J'appelle mon avocat, il est difficile à joindre et quand je lui parle, il me dit qu'il n'est pas capable de joindre l'autre avocat, l'avocat de madame qui est payé par l'aide juridique puisqu'elle a un enfant à sa charge et moi, non. Moi qui paye pour chaque coup de téléphone, je reçois des factures, mais pas de nouvelles. Je travaille six jours sur sept pour être capable de me payer un avocat. Je me souviens qu'à chaque fois que je me rendais au palais de justice, je marchais environ deux kilomètres pour me sauver des frais de stationnement et qu'en lisant les détails sur la facture de mon avocat, j'y retrouvais ses frais de stationnement.

On résume : en décembre, deux semaines avant Noël, elle ne veut plus que je vois ma fille, ensuite, en février on passe en cour, mais pour être certain que je sois un bon papa, on demande une expertise psychosociale de l'enfant et de son père. En juin, tout est en ma faveur, je téléphone, je crie, je fais des pieds et des mains pour qu'on m'entende et finalement, l'avocat de madame décide qu'il est disponible pour passer en cour et débattre de l'expertise et nous sommes rendus... en décembre! Décembre de l'année suivante! Eh oui, depuis un an, je ne vois ma fille que le dimanche. De bonne foi, lorsque j'ai reçu le résultat de l'expertise en juin, j'ai dit à sa mère que, comme c'est elle qui avait demandé l'expertise dans le bien de sa fille et que l'expertise disait que dans le bien de sa fille il était urgent qu'elle voit son père, donc, au lieu d'attendre de passer à nouveau devant le juge, dans l'intérêt de l'enfant, il serait bien qu'elle suive les directives de l'expertise maintenant, plutôt que d'attendre de repasser en cour.

Comme vous l'avez sûrement imaginé, elle a ignoré ma demande. Alors, j'ai dû attendre que le juge nous reçoive, qu'il lise l'expertise et finalement, qu'il me redonne tous mes droits.

Enfin, une victoire! Un an plus tard! Un an à pleurer et à voir ma fille pleurer. Un an plus tard, j'avais gagné! En fait, je croyais avoir gagné.

Durant l'année où ma fille n'était présente que le dimanche, ma copine et moi avions décidé de déménager à dix minutes de chez ma fille, car comme je travaillais désormais dans un bureau, dès que je terminerais de payer mon avocat pour cette cause-ci, j'irai chercher la garde partagée.

Ça me fait penser que, quelque part dans ce temps-là, ma fille m'avait dit qu'elle aimerait passer autant de temps chez sa mère que chez son père. Je lui ai dit qu'il n'y avait pas de problème pour moi et que si sa mère était d'accord, on pourrait faire ça demain matin. Quelques jours plus tard, ma fille revient à la maison et me dit : « *Papa, j'ai dit à maman que j'aimerais passer une semaine avec elle et une semaine avec toi et elle me dit que je dois faire un choix, car si je passe une semaine chez mon père, elle ne veut plus jamais me revoir*! » Quand je disais qu'elle était contrôlante!

C'est triste, car aujourd'hui, ma fille ne se souvient plus de cet épisode, d'autant plus que quelques années plus tard, la fois où sa mémoire l'a laissé tomber, elle me dit : « *Papa, maman m'a dit que c'est toi qui ne voulais pas la garde partagée, car tu trouvais ça trop compliqué avec l'école.* » Je bouillais!!! Un autre mensonge de sa part.

Bon, nous sommes rendus pas très loin, à un moment où la fin de semaine que je n'avais pas ma fille, je travaillais. Je travaillais pour rembourser mon avocat. Comme je le disais, une fois mon avocat remboursé, j'étais pour retourner en cour, mais cette fois pour avoir la garde partagée. Malheureusement, la mère de ma fille m'a devancé en déménageant à deux cents kilomètres de chez moi, donc, impossible d'avoir la garde partagée quand ton enfant habite trop loin. Je me suis renseigné, mais il n'y a rien que je puisse faire tant qu'elle habite au Canada. Bien sûr, mon jugement disait qu'elle devait être chez moi une fin de semaine sur deux, mais quand il y a tempête de neige ou la fête d'un ami, il est fort probable que les visites se distancent!

Vous vous demandez sans doute pour quel motif elle s'est éloignée avec ma fille? Aucun! Elle n'avait qu'une seule amie dans le coin où elle est déménagée et pas de travail. Pas de famille non plus. Sa famille habitait par ici et la quasi-totalité de ses amis aussi, mais comme j'avais gagné en cour une première fois, que je m'étais trouvé un travail avec des horaires normaux et que ma fille manifestait le désir de vivre une semaine sur deux avec papa, elle voulait être certaine que ça n'arrive pas. Elle avait perdu une bataille, mais voulait remporter la guerre.

Ça fait mal de savoir que notre rêve de vivre avec son enfant à parts égales est impossible. D'ailleurs, jusqu'à présent, je crois que c'est le seul rêve que je n'ai pas atteint.

Plusieurs personnes ont essayé de me consoler en me disant qu'une fois rendue adolescente, elle comprendrait la méchanceté de sa mère et qu'elle reviendrait vivre avec moi dès qu'elle serait en âge de choisir. J'y ai cru, j'y ai cru tellement fort que c'est presque arrivé.

Tout ça a commencé la veille que ma fille vienne à la maison pour les vacances de Noël. Elle m'a téléphoné pour me dire qu'elle ne pouvait pas venir parce que sa mère n'avait pas d'argent pour la mettre dans l'autobus. J'étais évidemment furieux, alors j'ai demandé de parler à sa mère. Ce fut une des dernières fois d'ailleurs qu'elle m'adressa la parole. Je lui ai rappelé que, selon le jugement, elle s'occupe de l'aller et moi du retour et que même si elle est sur le chômage, elle doit le faire. Je lui souligne que moi-même j'ai un travail saisonnier et que malgré tout, je paye ma pension alimentaire sans retard.

Comme je l'imaginais, elle a fait la sourde oreille, donc j'ai pris ma voiture et roulé 400 km aller-retour pour chercher ma fille. Lorsqu'elle est repartie après les vacances, je lui ai donné un billet aller/retour pour être certain de la revoir. Durant son séjour à la maison, elle m'a dit que sa mère lui a rappelé que c'est moi normalement qui devais s'occuper du transport. Encore et encore une fois hors de moi, j'ai sorti mon jugement pour lui montrer noir sur blanc la vérité. Ha! Un autre mensonge! Elle est incapable d'assumer la vérité.

Après les fêtes, j'ai demandé à mon avocate de lui envoyer une mise en demeure pour lui rappeler ses droits. (Ha, là il y en a parmi vous qui se disent : « Comment ça son avocate? Ce n'était pas Un avocat? » Vous avez raison, j'ai changé.) Deux cents dollars plus loin, il n'y a rien qui a changé. De l'argent jeté par les fenêtres. Après tout, elle a le beau jeu, qu'est-ce que je pouvais faire? Payer mille dollars pour aller en cour afin que le juge lui dise qu'elle a des obligations, ensuite qu'elle retourne chez elle et qu'elle recommence son manège?

Après quelques semaines, ce que j'attendais depuis toujours arriva. Ma fille m'annonce qu'elle veut venir habiter avec moi. Elle va venir vivre avec mon épouse, mes quatre autres enfants et moi. Enfin tous mes enfants à la maison! Tout le monde me félicite, me dit que comme prévu, elle revient à la maison. Nous sommes à la fin de l'hiver et comme elle s'en vient qu'après son année scolaire, je prends du temps pour lui magasiner un nouveau matelas, je l'inscris à l'école secondaire du quartier, bref, je suis fier comme un paon! J'appelle mon avocate pour qu'elle prépare les papiers et elle me répond de la rappeler à la fin avril. Ce que j'ai fait. À ce moment, mon avocate me donne rendez-vous environ deux semaines plus tard pour la signature officielle du transfert de garde. J'ai hâte, mon cœur bat à deux cents milles à l'heure, j'avais l'air d'un papa lors d'un accouchement.

Nous sommes mardi, je me lève le matin, il ne me reste qu'un dodo avant le grand jour! Avant la signature officielle! Je capote! Je vais travailler, je suis tout souriant, ma journée est interminable. Je me sens un peu comme la veille de tomber en vacances.

Ma journée finie, je suis de retour à la maison et après le souper le téléphone sonne, c'est ma cocotte d'amour qui m'appelle, je réponds et… elle pleure! Elle pleure, car elle est triste, elle ne veut plus déménager chez moi. Deuxième quasi-black-out! Je bous! J'ai vécu la joie, l'espoir durant quelques semaines, j'ai dépensé de l'argent pour des meubles, pour mon avocate. J'ai pris congé de travail pour inscrire ma puce à l'école. Depuis quelques mois, je paye ses billets d'autobus aller/retour en me disant que ça achève, que ce n'est pas grave puisque je serai bientôt récompensé par la présence de ma fille! De ma grande fille!

Tout, tout, tout s'est écroulé. J'étais tellement fâché que je lui ai dit qu'avec tout l'argent que j'avais dépensé, dorénavant, si elle voulait venir me voir, et bien, qu'elle s'arrange pour avoir un billet d'autobus, car moi, je ne ferai que ce que le jugement dit, c'est-à-dire, de m'occuper seulement du retour, je la mettrai dans l'autobus pour qu'elle retourne chez sa mère comme prévu et c'est tout. Je ne payerai plus un sou de plus que prévu.

La solution?

Je ne suis pas le seul à vivre une telle situation avec un parent aussi détestable. Certains vous diront que je suis chanceux, car certains papas, se font accuser à tort d'abus envers leur propre enfant. Moi, elle ne m'a accusé que d'être un mauvais père et voyez l'ampleur que cela a pris. Je me rappelle que lorsque j'étais dans l'attente de passer en cour, j'ai téléphoné à une association pour aider les pères, mais tout ce qu'on m'offrait, c'était de parler à un avocat pour quarante dollars. Moi, un avocat j'en avais un, j'avais même une expertise psychosociale en ma faveur. Ce que je voulais c'était d'accélérer le système judiciaire, car je ne comprenais pas pourquoi on me remettait une expertise où il est écrit qu'il est urgent que ma fille voit son père et qu'on repasse en cour seulement six mois plus tard. Aujourd'hui, je comprends que son avocat ne répondait pas aux appels de mon avocat afin d'étirer, car lui, il le savait qu'une fois devant le juge, avec une telle expertise, j'étais pour reprendre mes droits envers mon enfant.

Quel genre d'avocat, quel genre de maman ne veulent pas suivre les recommandations d'une psychologue? Et l'intérêt de l'enfant dans tout ça? Mise de côté pour son propre égo!

J'aimerais qu'un jour, lorsqu'il y a une séparation impliquant des enfants, que la garde partagée de l'enfant soit automatique et que, si un des deux parents refuse la garde partagée, qu'il ou qu'elle s'explique devant un juge. Mais au départ, qu'il fasse partie de la culture de chez nous que s'il y a séparation des adultes, qu'il n'y a pas de séparation de l'enfant. J'aimerais que si un des deux parents a envie de déménager à deux cents kilomètres de l'autre parent, qu'il le fasse, mais sans l'enfant. L'autre parent n'a pas à payer pour!

Aujourd'hui ma grande fille est majeure et chaque fois que je la reconduis à l'autobus, la même chose se produit. Elle a beau être plus vieille, ma peine est aussi forte. Comme j'ai quatre autres enfants, je me rends compte ce que j'ai manqué. Je regarde la plus jeune de mes filles qui ressemble physiquement et moralement à ma plus vieille. Le même caractère! Parfois, lorsque ma plus jeune me parle, je revois ma grande fille au même âge, avec les mêmes expressions. C'est un léger apaisement sur mes plaies. Mon épouse et mes enfants me donnent beaucoup d'amour, mais à l'heure où j'écris ces lignes, je commence à peine à être soulagé, j'avais un mal qui ne voulait pas s'estomper. Je ne savais pas quoi faire pour ne plus avoir cette peine ni cette rage. Rien ne marchait. J'ai essayé de pardonner, mais j'en suis incapable. Un jour ma grande fille aura des enfants, elle comprendra sans doute ce que je peux avoir vécu comme émotion.

C'est fou le nombre de fois que j'ai entendu des femmes se plaindre que leur « ex » ne s'occupait pas de ses enfants. Qu'il n'allait plus les voir. Moi qui voulais m'occuper de ma fille, j'entends qu'il y a des papas qui se poussent de leurs responsabilités? C'est à ne rien y comprendre!

Il n'y a pas de maman ni de papa parfait, encore moins des « ex » parfaits. Souvent, lorsqu'une personne souffre, elle veut faire souffrir l'autre. C'est sans doute ce qui s'est passé. Je ne crois pas que ces quelques paragraphes changeront le monde, mais peut-être qu'un parent comprendra que dans l'intérêt de l'enfant, l'enfant a besoin de ses deux parents! Un mauvais ou une mauvaise conjointe n'est pas nécessairement un mauvais parent!

Ouf! Tout un chapitre hein! J'ai souvent dit que j'avais comme une boule de rage dans le fond de ma gorge, et avec du recul j'ai l'impression d'avoir programmé mon corps à avoir quelque chose, qu'aujourd'hui j'appellerai mon cancer de la glande thyroïde. Je n'ai pas de preuve scientifique de ce que j'affirme, je ne peux pas affirmer que cette boule de rage s'est transformée en cancer de la glande thyroïde. Je ne sais pas, mais maintenant que la tumeur est enlevée et que ma fille vole de ses propres ailes, j'ai décidé de lâcher prise, de passer à autre chose. Cette boule de rage n'est partie que tout récemment. Est-ce le cancer qui me ramène à l'ordre ou bien c'est le fait d'écrire ce qui se trouvait à l'intérieur de moi qui atténue cette douleur? Peu importe, un ou l'autre, c'est réglé!

Si je n'avais pas eu un cancer, est-ce que j'aurais été aussi pressé d'écrire ce livre? Aurais-je eu le temps de l'écrire? Je veux voir le côté positif de cette épreuve.

Encore une fois, comme disait mon prof Boily, ce qui est bien dans l'écriture, c'est que tu peux vomir ton mal de vivre! Bon, et bien, c'est fait! Maintenant que je me suis vidé le cœur, on s'en va dans le positif. Ça, c'était le côté sombre de ma vie, mais j'ai passé au travers. Je suis encore debout, alors le meilleur est à venir!

Avec le temps je me rends compte que j'aurais pu et dû partir bien avant que ma fille commence l'école, puisque même si sa mère a manqué de jugement pour le balcon, il n'en reste pas moins qu'elle reste sa maman et normalement, une maman ne veut que le bien pour ses enfants. Ma fille ne craignait plus rien avec elle, je crois qu'elle avait compris la leçon.

Pour ce qui est de moi, à travers ces année-là, j'ai cessé de croire en l'humour et au camionnage, mais tout ça était pour changer bientôt!

Chapitre 5

L'après-guerre
La vie commence après mon ex!

Nous sommes en septembre 2001, c'est la
folie avec l'histoire du 11 septembre et mes
collègues de travail et moi, pour se défouler
et pour s'amuser, avons décidé d'aller à la
guerre! Je me rappelle encore, c'était un
dimanche matin, il faisait beau et on se
préparait à la guerre. Fusil de peinture à la
main, nous sommes prêts pour une partie de
« Paintball »!
Tout laissait croire en une belle journée,
j'étais jeune, en forme et célibataire et
personne ne m'empêcherait cette fois de faire
quelque chose d'intéressant sauf peut-être...
une malchance! Je croyais que c'était une
malchance, mais la vie est bonne et si on
écoute ce qu'elle a à dire, on se rend compte
qu'elle nous emmène souvent là où nous
devons être. On y reviendra plus tard sur ce
que j'ai appris de cet incident.

Donc, j'avais beaucoup de plaisir en cet
avant-midi rempli d'adrénaline jusqu'au
moment où la vie, pour me freiner, a décidé
de me faire une jambette à l'aide d'une
racine d'arbre. Méchante jambette puisque

j'ai dû subir une chirurgie à la cheville droite tellement elle était mal cassée. C'était difficile physiquement, mais encore pire pour le moral. Je travaillais entre 50 et 60 heures par semaine, je faisais à l'époque des livraisons de meuble avec un petit camion cube. Je me baladais à travers le Québec, je voyais ma fille une fin de semaine sur deux et j'étais heureux!

Un arrêt de travail pour un quasi hyperactif comme moi est vraiment difficile. Heureusement que mes parents à l'époque ont bien voulu m'héberger quelques semaines, parce que j'avais beaucoup de difficulté à m'occuper de moi.

Maintenant que je suis en invalidité totale, je n'ai pas le choix de m'occuper à autre chose. Donc un jour que je prenais un café avec un ami, je lui explique mon histoire privilégiée que j'avais vécue avec l'humour et que malheureusement, bien que je n'ai que 28 ans, il m'est impossible avec mes obligations d'aller à l'École nationale de l'humour et c'est là qu'il me demande : « Est-ce qu'ils ont des cours de soir? » Je regarde mon ami et je lui dis « Sûrement pas » et il me répète « As-tu téléphoné pour voir? »

Donc, le lendemain, je fais le 411, je téléphone à l'école de l'humour et c'est là que, miraculeusement, mon cœur se met à battre comme celui d'un ado qui va aux danseuses pour la première fois! J'étais vraiment content! Ils ont des ateliers de soir, aucune audition nécessaire puisque c'est un atelier et non un cours reconnu par le ministère de l'Éducation. Une chance que j'ai une grande gueule et que j'aime parler de moi! D'où l'importance de parler de ses rêves, sinon mon ami ne m'aurait jamais suggéré de téléphoner à l'école.

Me voilà inscrit au prochain atelier qui se nomme : « Présentation de numéro » où je devais arriver avec un numéro de deux minutes qu'on travaillerait pendant les 30 heures de classe. Wow! Un de mes rêves commence à se matérialiser! Cela a été long, mais quand l'idée est bien plantée, on finit par avoir des germes! Il est certain que ce ne sont pas encore des cours à temps plein, mais ça reste quand même un atelier à l'École nationale de l'humour! Je m'approche de mon but.

Juste un peu avant de débuter mes ateliers, j'ai eu l'extraordinaire idée de faire connaissance avec mon épouse et la mère de mes quatre autres enfants qui, soit dit en passant, sont de la même personne! Sainte Joëlle! Lorsque je l'ai rencontrée, j'étais en béquille, j'avais de la difficulté à me déplacer et j'étais sans le sou. Malgré ça, elle m'a aimé et accepté tel que je suis avec mon bagage et mes rêves. Mes rêves! J'ai des beaux souvenirs en tête, je me rappelle qu'elle et sa maman me suivaient partout où je me présentais dans les bars. Oui oui, vous avez bien lu, dans les bars! Cela ne lui dérangeait pas (quoi qu'en y pensant, est-ce qu'elle m'accompagnait pour me voir sur scène ou pour me surveiller?) Ben non, c'est une blague, à plusieurs reprises je devais y aller seul, elle n'est pas jalouse.

Alors, où en étions-nous? Ah oui, j'ai fait des ateliers et malgré ça, je ne réussissais pas les auditions pour entrer à l'école de l'humour à temps plein. Mon épouse voulait bien que je m'y inscrive, mais pour ça, il fallait que je sois accepté et cette partie-là, ce n'était plus de mon ressort. J'avais beau avoir la volonté, mais ce n'était pas suffisant.

Je me souviens la première fois que j'ai fait une demande à l'école, je me rappelle qu'après mon audition pour le programme d'humoriste, j'étais tellement persuadé que je l'avais l'affaire. Avec du recul, c'est clair que oui j'avais le cœur pour travailler fort, mais mes idées dans mes textes n'étaient pas claires. Sans doute trop de colle dans ma jeunesse! J'avais même passé l'entrevue pour le programme d'auteur, car j'aimais beaucoup écrire. D'ailleurs, c'est François Avard, célèbre pour l'écriture de l'émission : « Les Bougons » qui a passé mon entrevue. Je me rappelle lui avoir dit que ce que je voulais écrire c'était de l'humour engagé. Bien qu'elle fût subtile dans mes textes, elle y était. Aujourd'hui, comme je suis devenu un grand garçon et que je m'intéresse plus à l'actualité, personne ne peut nier le fait que j'aime écrire de l'humour engagé, mais à l'époque, comme je le disais, c'était très subtil dans mes textes.

Nous sommes maintenant rendus au printemps 2002, j'attends impatiemment ma réponse de l'école, persuadé que je suis « L'élu ». Tout le monde autour de moi connaît mes ambitions, je me vante à tous que j'ai fait ma demande à l'école et tous, par charité chrétienne, me disent que je serai dans mon élément.

Enfin le facteur m'apporte ma lettre, je l'ouvre et je ne m'attends pas à voir ce qu'il

y a dans l'enveloppe, il y a un gros 2 par 4!
Bang! En pleine face! Un gros refus! Ça y
est, je suis fini, l'humour ne veut pas de moi!

Ça fait maintenant depuis juillet dernier que
je n'ai pas monté sur scène, je commençais à
trouver que ma carrière d'humoriste amateur
tournait en rond. Il n'y avait rien qui évoluait
ou plutôt, je croyais que rien n'évoluait.
J'avais fait deux ateliers en présentation de
numéro et un atelier en écriture
humoristique. J'ai même fait un atelier dans
une autre école en « acting » dans une drôle
de place où on devait apprendre des textes de
François Pérusse? Très bizarre! Je participais
à tous les concours inimaginables et dès que
je pouvais me présenter sur scène, je le
faisais.

D'ailleurs, un des moments que j'ai préféré
être sur scène c'est lorsque j'étais à l'emploi
de « Sommeil Davantage », l'endroit où je
livrais des meubles, j'étais v-p du club social
et nous avions décidé de faire la soirée de
Noël au Manoir Rouville-Campbell qui
appartenait entre autres à Yvon Deschamps,
qui est, bien sûr, une de mes idoles.
Imaginez-vous donc que je me suis fait un
petit plaisir solitaire, non pas avec ma main
droite, mais avec ma bouche! Comme je

faisais partie du club social, je me suis permis de faire un monologue sur place devant mes patrons et mes collègues. Comme c'était la Cie pour laquelle je travaillais, j'en ai profité aussi pour y faire un bien-cuit, histoire de me permettre de rire des messieurs en cravate qui parfois, se prenaient trop au sérieux. Quel délice, quel moment savoureux puisque tous ont aimé. Pas toujours facile de jouer devant tes collègues, car si tu réussis, tu t'en sors bien, mais si tu te plantes, on en parle longtemps et tu perds un peu ta crédibilité. Bref, je me suis payé un trip.

Moi qui, depuis que j'étais haut comme huit pommes, je regardais Mr Deschamps à la télé, ce soir-là, sans qu'il le sache, il avait aidé un jeune homme à accomplir une partie d'un rêve. Par contre, si je peux me vanter d'avoir fait ça, c'est parce que j'ai passé à l'action. Dans ma tête, il était clair que je ne pouvais passer à côté. La scène est parfois cruelle, mais quand on peut s'accorder des beaux moments comme celui-là, ça nous aide à passer au travers.

Malgré tout, le temps passe, les enfants poussent et il y a quelque chose qui n'aboutit pas. Il me manquait un petit quelque chose pour mon apprentissage, qu'est-ce que c'était déjà? Ah oui! L'école de l'humour! Qu'est-ce que je peux dire, je n'ai pas de talent inné, je dois apprendre. Malgré ça, à trois reprises, trois différentes personnes m'ont offert de me représenter comme agent, mais du fait que je n'avais pas fait l'*École,* j'avais un gros manque de confiance et j'offris trois refus. J'ai laissé passer trois chances d'élargir mes contacts, de me créer un réseau parce qu'à l'époque, il n'y avait pas de Facebook ou de Twitter, alors il m'aurait sans doute été profitable d'avoir un peu plus confiance en moi et d'accepter une telle offre. Inconsciemment, mon rêve me semblait de moins en moins atteignable et je développais un rapport amour/haine avec l'humour.

Option numéro 2 : Vous vous rappelez que j'ai dit plus tôt que je voulais conduire des gros camions? Et bien, désormais, on offre un DEP en conduite de camion et la télé est maintenant en couleur! Bon, je ne suis pas si vieux quand même. (En passant, je suis toujours avec Sainte Joëlle! Elle me suit encore dans mes projets, elle est extraordinaire!) Nous sommes à l'automne 2004, je passe des examens pour le DEP et je suis accepté. Je suis heureux parce qu'après avoir essuyé deux refus à l'école de l'humour, enfin une bonne nouvelle, une école veut de moi. Je commence les classes en avril 2005. Enfin un de mes rêves se matérialise. Ce n'était pas mon premier choix, mais quand même, je me disais qu'à la limite, en camion je serais seul avec moi-même et j'aurais plus de temps pour réfléchir à de nouveaux textes.

Pour moi, le métier de camionneur est très noble, bien qu'il existe encore des cowboys sur la route, plusieurs camionneurs sont d'excellents conducteurs qui doivent anticiper la mauvaise conduite des autres chauffeurs. Si ce n'était que de moi, j'obligerais tous les nouveaux conducteurs de véhicule de promenade à embarquer deux heures dans un camion pour les sensibiliser à notre réalité. Je vous garantis que la route deviendrait plus sécuritaire. Trop souvent les automobilistes ne sont pas conscients qu'un véhicule lourd de 30 000 kg n'a pas la même distance de freinage qu'une voiture de 1 000 kg.

J'ai commencé mon DEP en camionnage et longtemps je suis demeuré discret sur mon passé en humour. Je crois que j'avais de la rancœur envers l'humour, tellement qu'un jour, alors que j'expliquais à un ancien collègue de travail qu'avant je faisais de l'humour amateur, il m'a adroitement dit : « Ben voyons, t'es même pas drôle! » Ben non, je ne suis pas drôle, je m'étais dit que si l'humour ne voulait pas de moi, c'est parce que je n'étais pas si drôle que ça, donc aussi bien me taire.

(OK, j'avoue que cette partie du texte semble être plus déprimante, mais pensez-y? C'est quand même une belle partie. Mon épouse m'a encore suivi dans mon autre projet! L'humour, check! Conduire un camion, check! Elle est adorable non? Ça ne lui dérangeait pas que je fasse des ateliers, des cours à temps plein ou les bars pour mon apprentissage. Tout un changement hein? Le secret? Je me suis écouté, j'ai changé de partenaire et j'ai continué mon chemin là où il aurait dû être. Moi je vous le dis, si tu écoutes ton cœur au lieu de ton « ex », tu peux atteindre tes buts!)

À travers tout ça, alors que mon épouse venait d'accoucher de notre premier enfant, mon ami, Vincent Lemay-Thivierge, qui présentait son premier album : « Hold up économique » au théâtre Corona à Montréal, m'avait demandé d'écrire des lignes qu'il pourrait raconter entre ses chansons afin de divertir son public et, comble de bonheur, le public a bien réagi! Des fous rires et des larmes au menu, tout dépendant de la chanson à venir. Ça y est, la passion pour l'écriture est bien présente en moi. Par la suite, à une autre occasion alors qu'il devait animer une soirée, il m'a demandé d'écrire quelque chose pour lui. CE qui fut fait avec succès.

Malgré tout, même si l'humour était au fond de moi, j'étais déterminé à ne plus faire rire… Mais pas trop longtemps.

J'étais maintenant chauffeur de camion, je travaillais jour-soir-nuit et très souvent en arrivant à la maison aux petites heures du matin, alors que tout le monde dans la maison dormait, j'écrivais. J'essayais d'écrire des trucs sur la motivation, des trucs pour enfants et un paquet de choses pas trop rapport avec rien, mais j'ÉCRIVAIS encore! Impossible d'arrêter.

J'écrivais et, à un moment donné, je me suis remémoré une émission télé que j'avais regardée alors que j'avais la cheville cassée où Michel Jasmin interviewait le comédien Robert Brouillette qui expliquait qu'il avait été accepté après 4 ou 5 reprises à l'École nationale du théâtre. La flamme semblait éteinte, mais les tisons étaient encore chauds!

Quelque temps après, me voilà à préparer ma troisième demande à l'école de l'humour et encore une fois, à part mes collègues de travail, tout le monde était au courant. Je me prépare en écrivant des textes dans le format demandé, je les poste et j'attends de recevoir une confirmation que le tout est conforme. Ce qui a suivi pas très longtemps plus tard, puisque j'ai été invité à une entrevue. L'étape après l'entrevue est une lettre qui te confirme, soit un refus ou bien on t'invite à une deuxième étape, c'est-à-dire une journée de stage. Jusqu'à présent, je n'ai pas été plus loin que l'entrevue.

HO! Qu'est-ce qui se passe, quelque chose se produit, quelque chose de nouveau, je reçois un courriel (eh oui, on évolue, il n'y a plus de réponse par la poste, mais des courriels).

Après avoir passé une entrevue, je suis enfin et finalement invité à la deuxième étape, je suis invité à passer une journée de stage à l'École nationale de l'humour! Ça y est, tout le monde est au courant, il est clair que cette fois est la bonne! Écoute, si j'ai été accepté à l'étape suivante, c'est parce que c'est certain que je suis fait pour l'humour. Non? Non???

Un frais matin de printemps, un samedi pour tout dire, je me présente avec plusieurs autres candidats à l'École nationale de l'humour afin d'y passer la journée. Votre mission si vous l'acceptez, est de passer une journée entière à écrire sur des sujets prédéterminés. À vos marques, prêtes, écrivez! Toute la journée, on nous demande d'écrire un paquet de trucs différents, mais tout ce que j'écris, c'est ce dont je crois que l'école veut entendre. Je suis enthousiasme, le vent a enfin changé de côté.

Après cette folle journée, je retourne à mon quotidien en attendant « La réponse! ». Quelques jours plus tard, je reçois un courriel qui commence avec : « *C'est avec regret que...! »*. Non!!!!!!!!!!!!!!!!!!!! Pas encore un refus! Je capote, ma gueule ne peut plus endurer un autre 2 par 4. J'ai le visage enflé à force de recevoir des coups.

Je me revois dans le salon à vider mes émotions devant mon épouse (eh oui mesdames, un homme peut verser une larme). Ensuite, après m'être ressaisi, j'ai décidé d'écrire à l'école pour exprimer non seulement mon mécontentement, mais aussi leur expliquer que j'aimerais bien comprendre le « Pourquoi? » du refus. Je passe mon temps à écrire, à rire et à écrire. Je sens la passion en moi et je me demande pourquoi j'ai autant de peine après un refus? C'est difficile à expliquer comme émotion, car on peut se dire que ce n'est pas grave, c'est seulement un cours, mais non! Pour moi, c'est plus qu'un cours, c'est un but à atteindre. Je veux apprendre à écrire de l'humour. Je veux baigner dans l'humour!

J'ai été étonné de recevoir un courriel de Luc Boily, enseignant à l'école, pour m'expliquer que ma détermination ne suffisait pas, je dois écrire, écrire, écrire! Alors, j'ai relevé mes manches et durant l'année qui suivit, j'ai écrit, écrit et… écrit! Comme j'ai touché l'ombre de mon rêve, j'étais très déterminé à gagner la course.

Un printemps plus tard, je regarde mon épouse, moi qui lui avais fait quatre enfants et une hypothèque, je l'ai regardé dans les yeux et je lui ai demandé si elle avait un inconvénient si je faisais encore une fois une nouvelle demande à l'École nationale de l'humour. J'essayais de lui expliquer quelque chose d'inexplicable, c'est-à-dire, la passion!

Je suis passionné par l'écriture humoristique, j'aime l'humour, j'aime l'arrière-scène, j'aime faire l'humour point!

À ce moment, elle m'a regardé et elle m'a dit : *« Je vais te suivre encore une fois dans tes projets, je ne comprends pas comment tu fais pour te relever à chaque fois que tu reçois un refus, moi ça fait longtemps que j'aurais abandonné, mais c'est ton choix, je te suis. »*

Vous comprenez pourquoi je l'ai mariée! Elle est adorable! Je me remets à écrire encore une fois des nouveaux textes afin d'être éligible à l'entrevue et peu de temps après, je suis convoqué à une autre entrevue pour la XIème fois.

Une fois sur place, à l'entrevue, devant moi se trouve Luc Boily et Snick, deux profs de l'école et l'ultime question qu'ils me posent est : *« Ça fait longtemps qu'on se connaît maintenant et nous ne voulons plus savoir ce que tu as fait dans les dix dernières années, nous voulons savoir ce que tu as fait depuis notre dernière rencontre il y a un an. »* Ce qui me fit plaisir d'énumérer.

Quelques jours plus tard, un courriel encourageant, puisque je suis convoqué pour la deuxième fois à la journée de stage.

Un autre samedi matin, il y a plusieurs personnes pour le poste et on recommence; à vos marques, prêtes, écrivez! Une autre journée à écrire, mais cette fois, je suis arrivé la tête vide, sans idée préconçue sur ce que je devrais écrire ou pas. J'avais décidé d'écrire avec mon cœur plutôt qu'avec ma tête. Encore une fois, je m'approchais à nouveau d'un de mes rêves, celui de faire partie de la grande famille de l'humour. De peur d'être déçu, contrairement aux autres fois, la seule personne qui était au courant de mes démarches pour l'école était mon épouse. Je n'avais pas envie si je n'étais pas accepté à nouveau de me faire dire : « *Pis? Comment ça y t'ont pas encore pris?* »

À la même époque, je travaillais comme évaluateur à la S.A.A.Q. pour les examens pratiques pour ceux et celles qui voulaient obtenir leur permis de conduire et, quelques semaines après mon examen, juste avant de débuter ma dernière évaluation de conduite de la journée, mon épouse m'envoya un message texte. Juste avant d'embarquer avec ma candidate dans la voiture d'examen, je décide de regarder mon message texte et qu'elle ne fut pas ma surprise de lire que j'étais accepté à la grande école de l'humour!

Eille! Là je me suis payé la traite et j'ai téléphoné à tout le monde que je connaissais pour leur annoncer la nouvelle. Moi, qui, une douzaine d'années plus tôt, alors que j'étais dans mon ancienne vie, avais eu l'intention de faire une demande, je m'étais fait éteindre mon rêve. Moi qui après avoir décidé de m'écouter moi au lieu d'écouter une autre, moi qui a décidé enfin d'écouter ma petite voix après chaque refus, j'ai persévéré et je commençais l'école à la rentrée scolaire. Il est clair que lorsqu'on a une passion et qu'on a de la difficulté à atteindre notre objectif, il nous arrive de mettre un genou par terre, mais l'important est de s'appuyer sur ce genou pour s'aider à se relever.

Écoutez, il y a plusieurs années, mon « ex » a refusé que j'essaie d'aller à l'école sous prétexte que j'avais 1 enfant à m'occuper. En 2010, je commençais l'école et non seulement j'étais rendu avec 5 enfants, mais j'avais aussi comme beaucoup de personnes de mon âge, une maison et une voiture à payer. Ah oui c'est vrai, j'oubliais, j'avais aussi une méga épicerie à faire pour la famille!

Chapitre 6

Pas toujours drôle un retour aux études!

Ceux et celles qui croient qu'ils sont trop vieux ou trop vieilles pour retourner aux études, détrompez-vous! C'est certain que ce n'est pas facile, c'est certain que vous allez en bûcher un coup, mais vous pouvez y parvenir!

Ce qui est merveilleux avec un rêve, c'est que ça n'a pas d'âge! Ce que ça prend le plus, c'est de la détermination et de la volonté. Comme je disais plus tôt, j'étais à l'emploi de la S.A.A.Q. à l'époque, et où je travaillais, je rencontrais souvent des nouveaux arrivants qui ont immigré au Québec avec leurs 2-3 enfants et une fois sur place, les entreprises ne reconnaissaient pas leur diplôme obtenu dans leur pays d'origine. Plusieurs d'entres eux se sont relevé les manches, et pendant qu'un des deux parents retournait aux études, l'autre allait sur le marché du travail et la plupart du temps, au salaire minimum. Une fois le diplôme universitaire obtenu, c'était le tour à l'autre de travailler et l'autre retournait étudier. Je me disais que si des gens qui arrivent ici sans rien réussissent à retourner aux études, pourquoi pas moi?

L'année débute, mes prêts et bourses sont déjà en route. Ce qui est bien, c'est que le gouvernement me prête une somme considérable pour mes frais de scolarité, mais comme il se fie à ton revenu de l'année précédente pour faire ses calculs, tu n'as pas grand-chose pour vivre.

Pour dire vrai, j'ai reçu 15 000 $ de prêt, je n'avais pas droit aux bourses. Sur ce 15 000 $, 10 000 $ allait pour mes frais de scolarité, donc il me restait 5 000 $ pour passer à travers l'année. 5 000 $ pour une hypothèque, un paiement d'auto, et une épicerie. Comme je l'ai mentionné plus haut, le gouvernement se base sur ton revenu de l'année précédente pour les prêts et bourses, mais on s'entend que, si tu vas à l'école, tu ne peux pas travailler à temps plein, donc ça ne vaut rien leur calcul. Ha oui, c'est vrai, j'ai également reçu une bourse d'études de 2 000 $ de la part de « L'alliance autochtone du Québec » et heureusement pour moi, mon épouse travaillait, mais c'était quand même insuffisant.

Ce n'est pas grave, puisque je vais travailler à temps partiel à la S.A.A.Q., je me suis dit que je me trouverais en plus, un travail les fins de semaine pour compenser. Comme ça, de cette façon, j'éviterai l'endettement. Le seul point négatif dont je me suis rendu compte, un point très important c'est que… je ne suis pas un surhomme!

J'ai essayé quelques emplois les fins de semaine et je les ai quittés un après l'autre en essayant, ou plutôt en espérant que le nouvel emploi serait plus facile.

Erreur, trop difficile! Je vous raconte un de mes pires vendredis que j'ai passé dans ma vie; comme d'habitude, le réveil matin sonne, il est 5 h 30, toute la famille se réveille. Déjeuner, habillement et cie, il est maintenant 6 h 30. Mon épouse part de son côté, en route pour son travail, pendant que moi, j'emmène les quatre enfants dans ma familiale, j'en dépose deux à l'école, ensuite les deux autres à la garderie. Il est 7 h 05 et je suis coincé dans un bouchon de circulation que m'offre quotidiennement : le pont Mercier. 8 h 30, j'arrive à l'École nationale de l'humour et comme mes cours ne débutent que dans une heure, je prends de l'avance dans mes créations littéraires. 9 h 30, j'entre en classe pour n'en sortir qu'à 12 h 30. Sac d'école à la main, je cours dans l'école et jusqu'à ma voiture. J'embarque dans l'auto, il ne me reste qu'une demi-heure pour me rendre à mon travail. Alors je mange dans l'auto. 13 h, je cours du stationnement jusqu'à la porte d'entrée de mon boulot.

Il est maintenant 16 h 30 et mon travail à la S.A.A.Q. est terminé. J'embarque encore dans mon auto et cette fois, je me dirige à mon second travail. Encore une fois, mon délicieux repas se prend à nouveau dans ma voiture.

18 h 30, je débute mon quart de travail pour terminer à 5 h le matin. Il est maintenant 5 h 45, cela fait plus de vingt-quatre heures que je suis éveillé et me voilà enfin de retour à la maison, je suis à bout de souffle, je suis à boute!

Ce fut ma plus grosse journée de l'année! Bref, j'ai essayé de faire quelques emplois avec des horaires différents des uns des autres, et ce, afin de trouver ce qui me conviendrait le mieux, mais impossible, il n'y a que 24 h dans une journée et seulement sept jours dans une semaine.

À travers de ça, nous sommes toujours en début d'année scolaire. Par une nuit d'automne pluvieuse, le système d'aqueduc de ma ville n'a pas supporté les eaux pluviales, donc nous avons subi une inondation de notre sous-sol. Inondation qui s'est fait sentir par un refoulement d'égout, alors ça presse, il faut tout nettoyer.

Comme nous n'avions qu'une couverture minimum de notre assurance, afin de sauver un peu d'argent, plutôt que de faire affaire avec une compagnie de nettoyage, nous avons tout fait nous-mêmes. C'était beaucoup de travail, mais en économisant les frais de nettoyage et de démolition du gypse contaminé, nous avons sauvé des milliers de dollars, alors lorsque l'assurance nous a remboursés, après avoir acheté l'essentiel, nous avons payé les retards que mon retour à l'école avait engendrés.

Quand tu y penses, avec le calcul vraiment non professionnel que je peux faire, le fait d'avoir eu un dégât d'eau m'a finalement permis d'étirer mes finances un peu plus avant d'être sans le sou. C'est triste quand cela arrive, et c'est beaucoup de travail, mais cela été plus payant pour moi de travailler dans mon sous-sol toute la fin de semaine que d'aller travailler pour un autre employeur.

La vie est bien faite pareil! Je ne sais pas trop comment l'expliquer, mais j'ai sincèrement l'impression que la vie m'apporte tout ce dont j'ai besoin. J'avais besoin d'argent, pouf! Une solide pluie! On s'entend que ce n'est pas une pluie d'argent, que nous avons travaillé très fort, mais quand même! C'est peut-être le fruit du hasard, mais je préfère croire que la vie est de mon côté et que c'est mon positivisme qui attire tout ça. J'aurais pu passer la fin de semaine à regarder une équipe d'experts en sinistre faire le travail à ma place, mais il ne me serait pas resté un sou de l'assurance. C'est un choix que j'ai fait et même si physiquement et moralement c'était difficile, ça m'a permis de survivre un peu plus longtemps. Pour y arriver, j'ai passé à l'action, j'ai téléphoné à des experts afin de savoir quoi faire.

Les semaines passent vite, le jour, je travaille et/ou je vais à l'école, le soir, je fais mes devoirs et les fins de semaine, je travaille 20 heures. Après seulement quelques semaines à peine, mon moral ne suit plus, je suis brûlé! Je ne vois plus le bout comme on dit. Je commence à déprimer et à songer à quitter l'école. Durant mon dîner d'une journée d'automne, je me rappelle d'avoir téléphoné à mon épouse, la voix tremblante, les poches sous mes yeux qui accumulaient mes larmes, je commençais à songer à quitter l'école. Dans ses encouragements, elle m'a dit que ça faisait assez longtemps que je l'achalais avec l'école de l'humour, que j'avais besoin de terminer ce que j'avais commencé!

Je me rappelle en avoir parlé aussi à mon prof Luc Boily et il m'a dit : « *Tu sais Michel, l'école de l'humour c'est seulement une fois dans ta vie, tes finances, tu pourras les régler après l'année scolaire.* » Donc, à partir de là j'avais trois choix : soit que je continue à travailler 40 heures par semaine, plus l'école, plus le transport et les devoirs et que je me tape une solide dépression, soit que je quitte l'école et que je regrette toute ma vie cet abandon ou bien que je garde seulement le 15 heures par semaine que je travaillais à la S.A.A.Q. qui servaient à payer ma pension alimentaire pour ma grande fille et que je m'endette davantage.

J'ai décidé le troisième choix, (merci Luc), mais ça incluait que je devais vivre à crédit pour le reste de l'année. Encore une fois, drôle d'adon, la compagnie de ma carte de crédit m'a téléphoné un matin que je me rendais à l'école pour m'offrir d'augmenter ma limite de crédit! J'ai bien sûr accepté! Si le cancer se faufile à travers le stress, c'est sans doute à cette période qu'il a commencé à vouloir se faire entendre. J'étais très stressé face à l'avenir, à vrai dire, j'étais tellement fatigué que je ne voyais plus d'avenir du tout.

J'aurais dû avoir confiance, puisqu'en optant pour le troisième choix, j'ai réussi à passer à travers mon année scolaire. Est-ce toujours l'argent qui est responsable? Non, je réalise maintenant que j'étais responsable, puisque j'ai encore manqué de confiance en la vie. Je suis responsable de l'émotion que je me laisse vivre. J'ai le choix de mes émotions!

La vie est tellement bonne avec moi qu'elle m'a mis d'extraordinaires enseignants sur ma route. Dans tous mon stress, mon professeur de français, Antonio, lui qui avait également élevé cinq enfants, est venu m'offrir un prêt sans intérêt! J'ai refusé, mais j'ai tellement apprécié ce geste de compassion. Merci Antonio!

Antonio Di Lalla fut mon meilleur prof de français à vie! Il a le don de faire aimer le français. Il a sa façon toute particulière. De plus, il a su me remonter le moral à quelques reprises lorsque j'avais la mine basse. Je m'explique : voyez-vous, j'étais le seul étudiant dans mon groupe d'auteurs à n'avoir qu'un secondaire V et un DEP en conduite de camion et je faisais face à des gens plus cultivés que moi, (bon OK, la barre n'était pas haute, un DEP!) eux, avaient été au cégep, à l'université alors que moi, je traînais toujours de la patte avec les règles de grammaire et l'orthographe, ce qui faisait chuter mes résultats.

Antonio me disait : « On s'en fiche du pointage, écoute tes textes, tu as quelque chose à raconter! »

Nous avions certains cours mixtes, auteurs et humoristes et, loin de moi l'intention de dénigrer mes amis humoristes, mais je « fittais » mieux avec eux! Je connaissais leur cheminement pour avoir fait moi-même la tournée des bars quelques années plus tôt. Mais je voulais devenir auteur et comme l'humoriste en moi n'a pas eu trop trop de succès dans le passé, encore une fois, je laissais mon côté plus extraverti à l'intérieur de moi.

Vers la fin de l'année scolaire, je me rappelle qu'Antonio (je vous l'ai dit qu'il était spécial) m'a suggéré deux choses; premièrement d'essayer de faire de la radio, puisqu'il trouvait, comme plusieurs, que j'avais une voix assez radiophonique et, deuxièmement, pourquoi ne pas essayer de monter sur scène. C'est à ce moment, plusieurs mois après mon entrée à l'école, que je lui ai raconté que plus jeune, j'avais fait l'expérience et que j'étais las de me promener de bar en bar ou plutôt, qu'avec l'arrivée de mes enfants, mes heures de sommeil étaient très précieuses.

Malgré le fait que j'avais réduit mon temps au travail, il n'en reste pas moins que ce fût une année scolaire très chargée et très difficile avec cinq enfants. Anecdote encore avec Antonio : nous débutons notre deuxième session et lui, qui a aussi cinq enfants me regarde et me dit : « *Michel, je ne voulais pas te le dire au début de l'année, mais tu ne peux pas avoir cinq enfants, travailler et aller à l'école de l'humour, c'est trop!* »

Effectivement, il avait raison sur le fait que c'était trop, mais aujourd'hui je suis en mesure de dire que ce n'est pas impossible.

En fait, tout est possible! C'est le message que j'aimerais laisser à mes enfants et à ceux et celles qui croient qu'on ne peut terminer ses études pour un si ou pour un ça. Il n'y a rien d'impossible, il faut y croire et surtout, dans les moments les plus difficiles, il faut persévérer, persévérer et encore une fois persévérer! Y en a-t-il qui n'ont pas compris? Persévérer!

Une chose que j'avais de la difficulté à comprendre, c'était lorsqu'un étudiant arrivait en classe et qu'il n'avait pas eu le temps de faire ses devoirs, je tombais sur le cul de voir ça! Allô! Tu n'as pas d'enfants, tu ne travailles pas et tu n'as pas le temps de faire tes devoirs? J'ai bien des défauts, mais là-dessus j'étais à mon affaire. Bien que j'aie du respect pour eux, si c'était un travail d'équipe et qu'une partie n'avait pas été faite, je sortais mes crocs!

Il m'est arrivé à quelques reprises de « péter ma coche » à l'école parce que je trouvais qu'il y avait des choses qui ne marchaient pas à mon goût et un de mes enseignants m'a dit que des choses comme ça, j'étais pour en voir dans le milieu, mais qu'il est plus sage pour moi de ne pas crier trop fort, de faire comme si ça ne me dérangeait pas et que d'autres occasions se présenteraient à moi, car sinon, je me retrouverais sans travail. C'est ça le show bisness.

Malheureusement pour moi, l'épuisement et ma grande gueule ayant le dessus sur ma raison, je me suis essoufflé à crier pour rien. Ce n'est pas grave, c'est ma personnalité qui vient avec ses qualités et ses défauts. Ma franchise est sans doute un de mes grands défauts.

L'école est maintenant terminée, mon crédit est accoté, j'ai beau avoir repris mon travail à temps plein, je n'y arrive plus. Je stresse encore comme ça ne se peut pas. Un autre moment opportun pour un cancer qui tente de se développer, j'imagine!

Un jeudi après-midi, je passe à ma banque et la caissière me demande pourquoi mon hypothèque n'est pas avec eux? Elle m'offre ensuite un rendez-vous et imaginez-vous que lorsque je suis sorti de son bureau, j'avais renouvelé mon hypothèque, ma prime était plus basse et en bonus, ça incluait mes dettes! La vie est bien faite pareil hein!

Quand est-ce que je vais finir par comprendre que ça ne sert à rien de m'énerver! La vie ne me laissera pas mourir de faim! D'un cancer peut-être, mais pas de faim! (C'est de l'humour noir, il faut bien en rire quand même.)

Chapitre 7

C'est bien beau tout ça, mais y as-tu des projets?

Des projets, j'en ai écrits plusieurs, c'est certain que je ne peux pas en vivre. D'ailleurs à l'école, mon enseignant Jean-Pierre Plante m'a dit un jour : « *Michel, pour vivre de l'humour, ça peut prendre dix ans. Surtout avec cinq enfants, ça fait qu'avant de pouvoir nourrir tout ce monde-là, ça va prendre des années. Ne lâche pas ton travail, mais commence à te trouver de l'écriture alimentaire. Même si tu n'écris pas de l'humour pour vivre, si tu peux écrire pour ton travail, tu resteras dans la course et petit à petit, année après année, tu pogneras des petits contrats ici et là et ta source de revenus changera.* »

J'ai développé quelques projets télé que j'ai offerts, mais sans succès pour le moment. J'ai commencé à participer à un docu réalité en tant que participant et à l'heure actuelle, il y a beaucoup de retard à l'émission, alors je ne suis pas certain qu'on va finir par me voir à la télé. L'émission devait débuter au réseau autochtone APTN en septembre 2012, mais à ce que j'ai entendu, c'est reporté au printemps 2013. J'espère poursuivre parce que j'adore être devant la caméra, avoir toute l'attention! C'est probablement pour ça que j'ai autant d'enfants, eux autres ils m'en donnent de l'attention! Parfois trop, mais ils m'en donnent!

(Peut-être que la vie encore une fois, me permet de poursuivre le tournage plus tard parce qu'à l'heure que j'écris ces quelques lignes, je viens tout juste de me faire enlever cette tumeur sur ma glande thyroïde, ce qui aurait eu comme effet, de toute façon, de ralentir la production.)

Le producteur Daniel Picard m'a tout de suite mis à l'aise durant les tournages et à chaque fois, on a vraiment eu beaucoup de plaisir et de fous rires. D'ailleurs, Daniel m'a permis à quelques reprises d'écrire pour lui, que ce soit pour la scène ou pour une autre émission télé et encore là, c'est quelque chose que je peux mettre dans mes bagages.

J'ai participé à l'écriture bénévolement pour plusieurs personnes qui tentaient leur chance dans le monde de l'humour. Comme je disais plus tôt, ça prend du temps pour en vivre et au début tu dois faire beaucoup de bénévolat afin de te faire connaître et croyez moi, j'en ai fait!

J'ai eu le plaisir à travers tout ça d'entendre quelques-uns de mes gags à la radio et à la télévision. Financièrement, cela ne m'a rien donné, mais c'est cette fierté qui me fait vivre! Cette fierté de me dire que même si je ne vis pas encore de l'humour, je suis encouragé puisque j'ai réussi à faire entendre mes gags via les médias traditionnels. C'est une tape dans le dos que nous, les artistes, cherchons. Se faire dire que ce qu'on fait c'est bien! Que c'est pas mal!

Je me suis même amusé à écrire une *comédie porno*! Eh oui! Un scénario complet avec dialogue (si peu soit-il)! Ne vous inquiétez pas, je ne suis pas axé seulement sur la sexualité, mais comme tout le monde, j'ai une libido et à l'occasion, comme tout le monde, j'aime bien regarder un XXX, alors je me suis dit : « pourquoi pas en écrire un? »

Un producteur du Québec semblait intéressé à mon projet, il m'a même dit que si j'avais d'autres scénarios, de lui faire parvenir et sans trop comprendre pourquoi, du jour au lendemain, il a changé d'idée. Tout d'un

coup, comme ça, sans explication, il a changé
d'idée.

Finalement, peu importe le média, radio, télé
ou film, ce monde à part est rempli de
déceptions, mais il suffit qu'un projet
fonctionne, un seul, un bon pour faire
démarrer une carrière et des projets, j'en ai à
la tonne et comme vous pouvez le constater,
j'en ai dans plusieurs domaines!
Aujourd'hui, à l'heure actuelle, je travaille
pour une compagnie qui a plusieurs véhicules
lourds sur la route, je m'occupe de former les
chauffeurs sur les lois et règlements. Je dois
écrire les formations, les réviser et ensuite les
présenter aux chauffeurs. C'est ce que mon
enseignant Jean-Pierre appelait de l'écriture
alimentaire. En plus, en les présentant devant
les groupes de chauffeurs qui se situent entre
20 et 30, c'est un peu comme faire de la
scène. Il faut saisir leur attention, voir ce qui
marche et ce qui ne marche pas. C'est
comme un humoriste qui se promène de bar
en bar pour « roder » son matériel, mais moi,
je me promène d'usine en usine!

Je ne sais pas si un jour je pourrai vivre de
l'humour, mais une chose est claire dans mon
esprit, c'est que si je n'avais pas été à cette
école de l'humour, je n'aurais sans doute pas

obtenu ce poste, car ce n'est pas avec mon DEP en conduite de camion que j'ai appris à bien structurer mes textes, mes textes qui aujourd'hui se nomment : « formation »!

De plus, mon expérience sur scène a fait de moi une personne moins timide qui n'a pas peur d'être jugée, donc quand des chauffeurs se mettent à me critiquer sur les formations que l'entreprise exige, je ne le prends pas personnel. Croyez-moi, être cadre et donner une formation à des chauffeurs syndiqués est parfois comme essayer de faire un numéro d'humour dans un bar où tout le monde est soul! Pas toujours facile!

Il est certain que lorsque tu sors de l'école, que tu es sans enfants et sans responsabilités, il est plus facile de consacrer plus de temps à l'humour, mais avec cinq enfants, ma priorité première est de nourrir ma famille. J'aime mon travail, il me permet de bien vivre et surtout, il me permet de me garder du temps en soirée pour écrire.

Après être sorti de l'école, j'écrivais au moins 15 heures par semaine, mais depuis quelques mois, j'ai dû ralentir la cadence, mon corps a ses limites. J'écris toujours, mais je prends aussi du temps avec ma famille.

Mon but en écrivant se livre, c'est de montrer à tout le monde que peu importe ce que tu veux faire, que ce soit devenir chauffeur de camion semi-remorque ou auteur, rien n'est impossible. Il suffit de se fixer un objectif et de persévérer! OK, ça a l'air facile à faire comme ça et c'est vrai que parfois, ça semble inatteignable, mais pas infaisable.

Encore une fois, je ne peux pas affirmer qu'un jour je vivrai de l'humour, mais le fait que j'ai fait un DEP en conduite de camion, que j'ai conduit des camions, que je sois monté sur la scène et que je puisse étudier à l'école de l'humour dans le programme « auteur », tout ça ensemble fait de moi un coordonnateur au transport au sein d'une multinationale. Ce qui me permet d'écrire et de me présenter devant les gens! De plus, avoir un bon sens de l'humour est beaucoup plus agréable pour mes collègues de travail et pour ceux et celles qui doivent suivre mes formations et en plus, mon salaire est beaucoup plus intéressant que les quelques centaines de dollars que j'ai faits en humour depuis ma sortie de l'école.

Il est certain que mon idéal est d'avoir les mêmes revenus en écrivant de l'humour, mais la réalité est que, sauf exception près, avant d'avoir un salaire intéressant en humour ou dans les arts en général, cela prend plusieurs années.

Mais! (J'adore avoir des mais! Oui, mais, non, mais!) Mais le plus important à mes yeux, ce n'est pas de vivre ou non de l'humour, le plus important c'est que, à part le fait que ma grande fille n'ait jamais vécu avec moi, tous mes rêves se réalisent! Pour ce qui est de vivre de l'humour, si je me fie à mon parcours, ce n'est qu'une question de temps!

Aujourd'hui, je suis encore en convalescence, dans quelques jours je retourne à l'hôpital afin d'y prendre une pilule d'iode radioactive pour éliminer complètement les restes de ma glande thyroïde. Mon médecin me dit qu'après, je pourrai me considérer comme guéri! Même le type de cancer que j'ai est de mon côté, car c'est celui qui a le taux de guérison le plus élevé. Contrairement à la chimiothérapie, il n'y a à peu près pas d'effets secondaires à l'iode radioactif.

Le fait d'être en arrêt de travail pour quelques semaines me permet une pause, une pause bien méritée, car les deux dernières années ont été très chargées. Je me permets de terminer ce livre, je me permets aussi d'écrire des textes d'humour que je présenterai moi-même... ou pas?

Je n'ai pas vraiment envie de faire la tournée des bars, car je suis un couche-tôt et si je le fais, ça ne sera pas simplement dans le but premier d'être humoriste toute ma vie, ça sera également dans le but que certaines personnes entendent mes textes et leur donner le goût de les jouer.

Avec un cancer, tu te rends compte que l'important dans la vie, c'est de vivre son moment présent, c'est de tout faire son possible pour réaliser ses rêves. D'aller au bout de ses convictions et de ne pas laisser personne faire des choix à notre place. Personne sauf soi-même! J'imagine quelqu'un qui est en phase terminale, couchée sur son lit d'hôpital et qui passe en revue sa vie avec plein de regret de ne pas avoir fait ou ne pas au moins essayé de faire ce dont il avait envie. Ma mère dit que je retiens de mon père, car lui aussi plus jeune, il ne gardait pas un emploi pour la paye, mais pour la passion.

Mon épouse, jusqu'à tout récemment, se posait la question sur ses choix de carrière. Elle ne savait pas trop quoi faire et un ami, Robert Parent, lui a dit : « Pour quel travail te lèverais-tu à 4 heures du matin? » Pas bête hein! Moi, j'ai surenchéri en lui disant : « S'il ne te reste que six mois à travailler et que peu importe le métier choisi, tu ne manquerais pas d'argent, que ferais-tu? »

Il est vrai que je n'ai pas encore compris pourquoi la vie a fait en sorte de m'éloigner autant de ma grande fille, peut-être simplement pour apprendre le pardon? Jusqu'à aujourd'hui, je n'étais pas capable de pardonner à sa mère pour toute sa méchanceté et depuis que le cancer est arrivé dans ma vie, je me suis surpris à lui dire dans ma tête : « Merci de t'être occupé de ma fille ». Bon, je ne lui ai pas dit à elle, je ne suis pas rendu là et de plus, je n'ai pas le goût de lui parler, mais quand même, pour moi, je trouve que j'ai fait un pas de géant en la remerciant (dans ma tête).

Pour ce qui est du reste, je crois sincèrement que ce qui nous arrive dans la vie n'arrive pas pour rien. Tout à sa raison d'être.

J'espère que les quelques pages de ce livre serviront à motiver au moins une personne à accomplir ses rêves, à croire que tout est possible. Comme moi qui a entendu un comédien dire devant la caméra qu'il a été accepté qu'après plusieurs tentatives à l'école de théâtre. En écrivant ces quelques lignes, j'essaie de faire ma part pour vous motiver, mais le reste, ça vous appartient! J'ai lu plusieurs livres sur la motivation et s'il y a une chose que j'ai comprise, c'est que tu as beau lire autant de pages que tu veux, si tu ne te lèves pas et que tu ne passes pas à l'action, rien ne se produit! Il ne faut pas simplement se préoccuper de nos rêves, il faut s'en occuper pour que ça se produise!

Souvent, on lit un livre, on est motivé, on se remplit le cœur de projets, mais on ne fait rien! Ensuite, un nouveau livre sort et on se motive à nouveau et cela s'arrête là. Il y a des gens qui disent souvent : « *Je laisse les choses aller, si je suis dû pour avoir tel poste ou telle opportunité, cela va arriver de toute façon.* » Faux! Moi je crois que c'est faux!

Je donne un exemple : disons qu'un travail t'intéresse vraiment et que l'opportunité se présente à toi d'appliquer dessus. Tu envoies ton C.V. et ensuite tu attends que le téléphone sonne. Disons également qu'une autre personne qui a également l'intérêt et les mêmes compétences que toi pour ce poste envoie également son C.V., mais que deux jours plus tard, cette personne envoie un courriel ou téléphone au responsable pour le remercier de prendre le temps de lire son curriculum et qu'elle espère avoir la chance de le rencontrer pour une entrevue. Voyez-vous la différence? La personne semble plus motivée si elle prend les devants plutôt que de laisser les choses aller, donc il est fort à parier qu'elle augmente ses chances de réussite.

La même chose aussi peut se produire si tu regardes un poste qui t'intéresse, mais que les qualifications ou la scolarité que l'employeur inscrit dans l'annonce te semblent trop élevées et que tu t'empêches d'appliquer sur le poste.

Si toi, tu es persuadé que tu peux faire le travail malgré le manque de scolarité ou d'expérience, tu n'as qu'à persuader l'employeur que ta propre expérience est suffisante en lui donnant les bonnes explications dans une lettre de présentation qui suivra avec ton curriculum. Ce n'est pas garanti que tu aies le travail, mais tu auras certainement plus de chance de l'avoir que si tu t'abstiens de le faire sous prétexte que tu n'as pas étudié dans la bonne branche. Moi-même, si je m'étais abstenu de le faire en lisant la description que mon employeur cherchait, il ne m'aurait pas laissé ma chance. J'ai dû le convaincre que les qualités et les compétences que j'avais faisaient de moi une personne unique et que c'était encore mieux que ce qu'il cherchait. Je n'ai pas dit ça exactement mot pour mot, car dit comme cela, ça peut paraître prétentieux, ce que je ne suis pas, mais lorsqu'on se connaît bien et que nous sommes en confiance, ça se reflète.

Chapitre 8

Encore un exemple que rien n'arrive pour rien!

Comme je disais plus tôt, je suis présentement coordonnateur au transport pour une compagnie qui se retrouve dans plus de 70 pays et la découverte de mon cancer est liée directement à mon embauche! Je m'explique. Cela faisait quelques années que je travaillais à la S.A.A.Q., et bien que j'aimais beaucoup mon travail (*pour dire vrai, ma passion pour les camions s'est transformée en passion pour la sécurité routière! De plus, jusqu'à présent, mon travail d'évaluateur est sans doute celui qui m'a permis d'être le plus moi-même. J'aime conseiller les gens et me sentir utile pour la société. Le salaire n'est pas toujours à la hauteur, mais le sentiment du travail accompli, oui! Ceux et celles qui aiment le service à la clientèle pour le contact avec les gens me comprendront.*), je devais traverser le pont matin et soir, ce qui me faisait environs 15 heures de transport par semaine et j'étais tanné. Certes, j'aurais pu demander un transfert sur la Rive-Sud, mais comme l'achalandage est moins important sur la Rive-Sud qu'à Montréal, il aurait fallu que je sois au chômage l'hiver, chose que je ne voulais plus vivre, c'est pourquoi j'avais commencé à regarder ailleurs. Après deux entrevues d'embauche, il ne me reste qu'une chose à faire pour être engagé, c'est-à-dire, un examen médical! Je me revois dans la salle d'attente du médecin. Coïncidence, je croise un homme qui me rappelle que c'est moi, qui lui ai fait passer son permis de conduire pour les camions et qu'il était là lui aussi, à la demande de son nouvel employeur.

Après quelques tests de routine, le médecin me demande de m'asseoir sur la civière et à un certain moment, il tâte mon cou. Il me fait lever la tête et me demande si cela est nouveau? Je ne comprenais pas de quoi il parlait et c'est là qu'il me dit que j'ai une bosse tout près de la glande thyroïde. Je lui réponds que je n'en savais rien, c'est la première fois que quelqu'un me fait remarquer cette anomalie. Il me dit de ne pas m'inquiéter pour le travail, car si je lui apporte un billet de mon médecin de famille comme quoi je suis pris en charge, il ne me bloquerait pas pour mon nouvel emploi. Heureusement pour moi, j'ai un médecin de famille et j'ai pu le consulter immédiatement après en urgence.

La compagnie m'a engagé et trois mois plus tard, après avoir passé une série de tests, j'étais sur la table d'opération. Par la suite, mon chirurgien m'a expliqué qu'il m'a traité à temps, puisque le cancer qui s'était logé sur ma glande thyroïde, ne s'était pas propagé ailleurs dans mon corps.

Je travaille pour une très bonne compagnie qui me soutient là–dedans. J'ai même dit à mon supérieur immédiat que, s'il songeait à me remplacer, j'étais prêt à former mon remplaçant, puisque sans examen médical, je n'aurais pas su pour la tumeur; alors pour ça, je leur en étais reconnaissant. Mon supérieur m'a rassuré en me disant de ne pas m'inquiéter pour mon poste.

Voyez-vous, puisque je n'avais pas remarqué une bosse dans mon cou et comme je n'avais aucune douleur ni aucun problème pour avaler ou respirer, il est fort probable que j'aurais attendu ces signes avant-coureurs pour aller voir mon médecin. D'autant plus qu'à peine quelques mois avant, j'étais allé pour mon bilan de santé annuel et mes prises de sang ne montraient aucune anomalie, puisque ma glande thyroïde fonctionnait bien malgré la présence de la tumeur.

C'est drôle parce que les médecins que j'ai rencontrés me demandaient tous la même chose : « Tu n'es pas plus fatigué que d'habitude? » À cela, je leur répondais toujours la même chose : « Depuis deux ans que je cours comme un malade (je vous le jure que je ne voulais pas faire un jeu de mot avec malade); je suis retourné aux études en essayant de travailler à temps plein, mais en gardant mon travail à temps partiel. En plus des devoirs que je terminais tard en soirée, je devais faire environs 20 heures par semaine sur la route pour mes déplacements et sans oublier que j'ai des enfants à m'occuper! Après l'année scolaire, au lieu de me la couler douce, j'ai écrit plusieurs projets, donc mes soirées n'étaient plus pour mes devoirs, mais pour mon avenir! Non, je ne suis pas plus fatigué que d'habitude… Je suis brûlé! Mais comme d'habitude! »

Il est vrai que dans les deux ou trois dernières années, j'ai pété ma coche à quelques reprises, ce qui n'est pas dans mes habitudes, mais je mettais ça sur le dos de la fatigue, surtout durant mon retour aux études.

Dès que j'ai commencé à faire des démarches pour changer de travail, j'ai reçu plusieurs offres et sans trop comprendre pourquoi, je les ai toutes refusées, sauf une! Celle offerte par la compagnie pour laquelle je travaille actuellement. En fait, je dis sans trop comprendre, mais la différence c'est que j'écoutais ma petite voix à l'intérieur. J'appliquais sur un poste qui semblait intéressant et lorsqu'on me téléphonait pour me l'offrir, c'est comme si en dedans de moi, je n'étais pas à l'aise avec l'idée, alors je déclinais.

Encore une fois, je dis que rien n'arrive pour rien, mais il faut y mettre du sien! Si je n'avais pas décidé de changer de travail en me disant que ce n'est pas si grave que ça les bouchons de circulation, il est clair que la maladie aurait progressé davantage et que mon taux de guérison aurait été diminué.

Cette année mon épouse a décidé de quitter son travail afin de passer plus de temps avec nos enfants, alors nous avons décidé de nous débarrasser d'une voiture afin de réduire nos dépenses et comble de bonheur, étant donné mes déplacements que je dois faire pour mon employeur actuel, j'ai une voiture fournie par l'entreprise! Drôle de coïncidence!

Je ne dis pas que la décision que mon épouse a prise en quittant son travail me comblait totalement, car je reste quand même insécure financièrement de nature, mais je me demandais comment arriver à gérer tous nos déplacements qu'avec un seul véhicule. Avec un nouveau travail, il m'aurait été difficile de m'absenter très souvent pour emmener les enfants chez le médecin par exemple. Avouons que la vie fait bien les choses quand même!

Autre chose, si j'étais resté à l'emploi de la S.A.A.Q., en tant que fonctionnaire, mon salaire durant ma convalescence n'aurait été qu'à 66 % au lieu de 100 % actuellement. Vous connaissez beaucoup d'entreprises qui vous offrent une assurance dès votre première journée de travail? Moi non plus je n'en connaissais pas jusqu'à ce que l'on m'embauche.

C'est fou! Je ne sais pas ce que la vie me réserve pour demain, mais à l'heure actuelle, je suis en isolement, car j'ai reçu une très forte dose d'iode radioactif et pour quelques jours, je peux passer autant de temps à écrire! Je suis en isolement dans mon sous-sol et je dois me tenir à au moins 20 pieds de toute personne. Je m'étais déjà imaginé faire comme on voit dans les films, aller m'isoler dans un vieux chalet pour écrire, mais avec une grande famille, c'est difficile.

Aujourd'hui, mon chalet est mon sous-sol! C'est excellent! Même mon appartement 1 et demi que j'avais quand j'ai rencontré mon épouse était plus petit que mon sous-sol alors je ne me plaindrai pas!

Comme je suis un peu « workaholique » aussi, j'ai également mon portable de la compagnie à mes côtés pour essayer d'avoir le moins de retards possible une fois ma convalescence terminée. Je ne peux pas travailler autant que je l'aimerais parce que je suis épuisé du fait qu'il me manque un petit quelque chose... ah oui! Une glande thyroïde! Mais, je commence à prendre des médicaments pour la remplacer, alors d'ici quelques semaines, je serai en feu! D'ailleurs mon épouse aimerait bien que mon médecin réduise légèrement la dose afin que je devienne un peu moins actif qu'avant!

Là, j'entends des gens dire : « *Me semble que rien n'arrive pour rien, qu'est-ce que tu fais de tous ces enfants malades? Qu'est-ce que tu fais de ceux et celles qui crèvent de faim à Noël? Tu vas dire que c'est leur choix?* »

Je n'ai malheureusement pas réponse à tout, ce que je décris c'est mon histoire. Je trouve des raisons qui font mon affaire à mon histoire à moi. Je me rappelle que mon ami Robert Parent, philosophe d'action, m'a dit une fois alors que je lui parlais de mes problèmes : *« Arrête de t'en faire avec tes problèmes, sans le savoir, tu es en train d'écrire ta biographie! »*

Il est vrai que ces quelques pages ressemblent étrangement à une biographie, mais là n'est pas mon but. Mon but est de dire aux gens que pour réussir, exception près, il faut travailler fort et que rien, ou presque, n'est impossible. Qu'il faut s'occuper de ses objectifs et non s'en préoccuper. Pour exprimer tout ça, j'ai dû vous partager une partie de ma vie.

Je m'amuse souvent à dire aux gens que pour atteindre un but, tu dois énumérer le plus possible ce que tu dois faire pour y arriver. Si pour me rendre du point A au point B, ça inclut un retour aux études par exemple, alors retourne aux études! Si tu me réponds que tu ne peux pas parce que, par exemple, tu as trop de responsabilités financières, alors ton but premier ne sera plus de retourner sur les bancs d'école, mais de diminuer tes responsabilités financières. Si tu me réponds après que tu ne peux pas travailler plus pour des raisons d'ordre social du genre : *« Si je travaille plus, je n'aurai plus de temps pour voir mes amis ou ma famille.* » Si tu es du genre à trouver une défaite à tout, alors il y a de fortes chances que ton but ne soit pas une passion et que peut-être, tu fais partie de ceux et celles qui se préoccupent beaucoup plus de leur rêve que de ceux et celles qui s'en occupent!

Si le chemin semble trop long pour t'y rendre, vas-y par petit bout! Un pas à la fois. Un petit objectif à la fois. Chaque année, il y a des gens qui font le chemin de Compostelle en Europe, une randonnée pédestre d'environ 1 500 km et chacun marche à son rythme. Il y a des gens qui prennent de plus longues pauses que d'autres, mais ils y arrivent quand même, alors pourquoi ne pas faire la même chose dans nos vies personnelle et professionnelle!
Je connais un jeune humoriste de la relève avec qui j'ai fait des ateliers de soir à l'époque et il me disait que pour lui, même s'il réussissait les auditions pour l'école de l'humour, il ne pourrait pas y aller à temps plein, c'est pourquoi il y est allé de soir.

Un autre humoriste que je connais n'a pas fait les cours à temps plein de jour, mais les a tous faits de soir à temps partiel. Jumelé à son expérience de scène, il surclasse plusieurs finissants à temps plein. Son objectif était de vivre de l'humour, alors il en vit. Il n'a pas pris le même chemin que tout le monde, mais il est toujours là!

J'avais demandé à l'époque à un de mes enseignants comment il faisait pour vivre de son métier, car très peu d'artistes peuvent se vanter de vivre de leur art et il m'a répondu : *« C'est un choix de vie! Il est certain que si tu décides de t'acheter une voiture neuve et un chalet dans le nord, tu n'auras peut-être pas le choix de faire un travail dans un autre domaine pour te payer ça, mais si tu te limites au minimum, tu ne seras pas obligé d'accepter de faire un travail que tu aimes moins. »*

Pour revenir à l'exemple de tantôt, si pour atteindre le point A tu dois diminuer ta surconsommation, alors ne te laisse pas avoir par toutes les publicités et concentre-toi sur ton but. Il y en a qui vont dire qu'on n'est pas pour se priver de tout, qu'il faut vivre quand même. C'est vrai, mais en même temps, si ton objectif est de changer de travail pour avoir un meilleur salaire et que pour retourner aux études tu dois te priver pour 1, 2 ou 3 ans et qu'après c'est le summum, c'est une bonne affaire.

Quand j'étais étudiant à l'école de l'humour, pendant que j'en bavais, je me disais que tout le travail que cela implique, toutes les heures que j'y mets, me serviraient. Je me disais que je voulais être un exemple pour mes enfants. Quand j'étais sur le bord de tout abandonner, je me demandais quel serait l'exemple que j'aimerais que mes enfants suivent? L'abandon ou la persévérance? J'ai choisi la persévérance. De toute façon, si ce n'était pas moi qui avais choisi la persévérance, c'est mon épouse qui m'aurait botté le derrière! Je vous le jure qu'elle l'aurait fait, vu le nombre de fois que j'ai essuyé des refus.

Aujourd'hui, même si l'écriture ne me fait pas encore vivre financièrement, elle me fait quand même vivre de belles aventures! N'est-ce pas le but du voyage? Ça ne fait pas encore deux ans que je suis sorti de l'école et j'ai écrit comme ça ne se peut pas! J'ai aidé des gens en contribuant à l'écriture de série web, à des numéros pour la scène, pour des pilotes pour la télé, etc. Sans compter mes propres projets : projet web, télé, scène, cinéma, etc. En se moment même, j'écris un de mes projets, celui d'écrire un livre de motivation.

Si je reste à ne rien faire, à ne rien écrire, il est clair que rien ne se produira, mais cette passion est en moi. J'aimerais que ma passion me fasse vivre, mais en attendant, je fais ce qu'il faut pour y arriver. Il est évident que le temps que je passe à écrire, c'est du temps que je ne consacre pas à ma famille, mais mon objectif est là! J'ai un coup à donner en prenant sur mon temps jusqu'à ce qu'un jour mes revenus en écriture soient suffisants pour me dire que le jour j'écris et le soir et les fins de semaine sont à la famille.

Maintenant je dirais que je prends environ cinq à dix heures par semaine pour l'écriture, tout dépendant si j'ai un mandat à remplir, car lorsqu'on me contacte pour que je participe à l'écriture d'un projet, ma tête y est dédiée, et ce, corps et âme, et j'ai beaucoup de difficulté à me coucher tant et aussi longtemps que je n'ai pas terminé mon texte. Contrairement à mes projets personnels que je peux étirer.

Si un jour quelqu'un me dit que je suis chanceux d'avoir été à l'École nationale de l'humour, je pense que je vais y cracher au visage! J'ai travaillé fort pour y arriver. J'aurais pu abandonner après deux ou trois refus, mais non, j'ai bûché et j'ai réussi à y aller. Depuis tantôt que je parle de mon horaire qui était difficile, que les finances en ont arraché, mais ma plus grande privation a été mon épouse et mes enfants! Mon épouse a passé l'année à parler à un gars qui lui faisait dos, à écrire sur le clavier de l'ordinateur. Les enfants se sont privés souvent de papa les fins de semaine que je travaillais ou que j'écrivais.

Cela a été mon sacrifice à moi. Maintenant, toi, es-tu prêt à te priver de temps ou d'argent pour atteindre ton objectif? C'est quoi ta prochaine étape pour réussir? Tu vas faire quoi pour te rendre du point A au point B? Moi je te le dis, tu as besoin d'une bonne raison pour ne pas le faire! Par exemple, tu veux devenir chanteuse, mais ta voix laisse à désirer? OK, commence à prendre des cours de chant pour rendre ça le moins désagréable possible pour les autres et ensuite, inscris-toi dans une chorale ou amuse-toi dans les karaokés, mais amuse-toi à faire se que tu aimes! En plus, il y a plusieurs groupes de musique qui ont une chanteuse ou un chanteur qui sonne faux et ils obtiennent quand même des contrats. Pourquoi? La passion, j'imagine? Au même titre qu'il y a des humoristes pas si drôles que ça qui font quand même de l'argent parce qu'ils sont sympathiques!

À l'école, Éric Belley un enseignant en planification de carrière, disait que pour réussir, ça prend, si je ne me trompe pas, 40 % de contacts, 40 % de travail et seulement 20 % de talent. De mon côté, comme je n'ai pas beaucoup de contacts, je dois redoubler de travail. Il m'était très difficile lorsque j'étais à l'école de me créer des liens et des contacts vu mon horaire très chargé. Tout ça pour dire que le talent est secondaire, le travail que tu y mets est encore plus important.

Lorsque je suis à mon travail, je fais de l'écriture alimentaire, je préférerais écrire de l'humour, mais au moins j'écris. L'humour, je le fais en soirée. Par contre, au travail, lorsque j'écris, je me trouve très privilégié, car j'aurais pu avoir un emploi aussi intéressant, mais ne nécessitant pas d'écriture. Lorsque j'écris, peu importe que ce soit au travail ou à la maison, je me sens comme dans une bulle. Je me sens bien parce que je fais ce que j'aime. La journée que j'écrirai que de l'humour parce que je serai capable d'en vivre, j'ose croire que je serai en extase!

Pour moi, cela s'applique en écriture humoristique, mais pour toi, c'est peut-être autre chose. Par exemple, j'ai connu une personne qui venait de quelque part dans le coin de la Roumanie et dans son pays, il était médecin. Une fois rendu au Québec, il devait refaire de longues études pour pouvoir pratiquer la médecine, mais il a choisi de prendre un chemin plus court et de devenir infirmier. Il reste dans le domaine de la santé et même s'il lui arrive d'avoir quelques frustrations, car il aimerait bien traiter lui-même le patient, il assume son choix. Cette personne aurait pu tout simplement ne pas étudier du tout et faire un travail quelconque, mais non, elle a choisi de retourner un peu moins longtemps aux études, mais de rester quand même dans son domaine.

Tu peux faire des études universitaires en ne faisant qu'un cours par session. Ça va être plus long pour avoir un baccalauréat, mais c'est possible!

J'ai l'impression que depuis le début, non, en fait ce n'est pas une impression, je parle des rêves et des objectifs qui nécessitent des études, mais au fond, nous pouvons appliquer ça dans tous les domaines : voyages, achat d'une maison, etc.

Par exemple, mon épouse et moi aimons voyager et nous aimerions emmener nos enfants avec nous. Encore là, nous avons des choix à faire, c'est-à-dire que financièrement, nous savons que ce n'est pas donné, alors nous nous limiterons à un hôtel de catégorie 3 étoiles à Cuba, mais en famille, au lieu de choisir un 5 étoiles en couple. Notre sacrifice pour y arriver? Moins de cadeaux de Noël et des cadeaux plus modiques. Nous aimerions partir seuls une fin de semaine, mais nous préférons mettre de côté l'argent que nous aurions utilisé pour le couple et Dieu sait qu'avec quatre jeunes enfants, un couple a besoin d'un peu de répit, mais c'est notre choix!

Un de mes amis faisait beaucoup de motoneige l'hiver et beaucoup de camping de luxe l'été. Camping de luxe pour moi, c'est avoir une grosse roulotte, un patio, bref, une deuxième maison. Il disait qu'il n'avait pas les moyens de voyager dans le sud. En fait, je lui ai rappelé qu'il a choisi de ne pas y aller, puisque si on calcule ce que ça lui coûte été comme hiver pour ses activités, il pourrait se payer plus d'un voyage par année, mais encore là, c'est son choix.

Au même titre qu'une personne ayant un revenu moyen qui fait plusieurs voyages par année et dit qu'elle n'a pas les moyens de s'acheter une maison, le tout reste des choix de vie.

Plus tôt dans ce livre, je disais avoir aidé une amie, Diane, à amasser des fonds pour lutter contre le cancer en organisant et en animant une soirée d'humour afin qu'elle puisse faire l'ascension du mont Kilimandjaro. Tout un objectif pour elle! Non seulement elle devait amasser 11 000 $ en dons, ce qui lui prenait beaucoup de son temps, mais en plus, elle devait prendre du temps pour s'entraîner! Je pense qu'elle a dû en faire des sacrifices! Ça ne s'est pas fait tout seul! Beaucoup de gens l'ont aidée, mais c'est elle qui a quand même fait le gros du travail, car elle devait participer aux activités de financement qu'on lui organisait, que ce soit vente de billets ou autres. Et en fin de compte, pour terminer, c'est elle qui a grimpé la montagne! Je ne crois pas que durant l'année de financement, elle a dû se la couler douce. Elle s'est fixé des objectifs et elle les a atteints.

Pour Diane, son objectif était le Kilimandjaro, pour moi, c'était d'aller à l'école de l'humour et pour mon épouse, c'était d'être à la maison avec les enfants.

Cela a l'air facile vouloir rester à la maison avec tes enfants, mais quand tu en as quatre et que tu te prives d'un revenu, il faut couper quelque part. Mon épouse a décidé elle de couper au niveau de l'auto, coiffeuse, manucure et j'en passe. C'est certain que son choix a eu un certain impact sur toute la famille, mais comme notre plus jeune a quatre ans, et que c'est sa dernière année avant de commencer l'école, mon épouse a préféré en profiter pour passer plus de temps avec lui. Elle aura tout le temps qu'il lui faut pour travailler plus tard, mais les jeunes enfants eux, vieillissent, alors ce n'est pas une fois qu'ils sont rendus à l'âge adulte qu'il faut rester à la maison pour en prendre soin.

Pour réussir, ça prend plus que des paroles et des pensées, ça prend de la détermination. J'ai lu plusieurs livres où on explique comment faire une demande à l'univers ou à Dieu, on t'explique les secrets des grands maîtres, mais après peu de temps, on passe à autre chose et rien de plus que d'habitude ne se produit.

Oui la pensée est primordiale, parce que je crois qu'elle germe l'idée en nous, mais il faut l'arroser! Oui la parole est très importante, car lorsqu'on parle de nos projets, il y a peut-être quelqu'un qui écoute qui nous donnera une solution, un peu comme mon ami à qui j'ai parlé et que par la suite, j'ai téléphoné à l'école pour me renseigner sur les cours de soir, mais si je ne décroche pas le téléphone, si je ne passe pas à l'action, les paroles et les pensées ne servent à rien!

Il y a un livre que j'ai lu il y a plusieurs années : « Les 4 accords toltèques » si ma mémoire est bonne. Si ma mémoire n'a pas trop oublié, je crois qu'il parlait d'une philosophie de vie basée sur 4 accords : *1-Que ma parole soit impeccable. 2- Ne rien prendre de personnel 3- Ne jamais supposer que. 4- Toujours faire de son mieux.*

Aujourd'hui, je vais simplement m'attarder sur le quatrième accord : Quelles que soient les circonstances, faites simplement de votre mieux et vous éviterez de vous juger, de vous culpabiliser et d'avoir des regrets. Il se peut que le livre que j'écris à l'instant ne soit jamais publié, mais une chose est certaine, je vais faire de mon mieux pour qu'il le soit. Il se peut également que je ne puisse jamais vivre de mon art, mais croyez-moi, demandez aux gens qui m'entoure, si je ne réussis pas, ce n'est pas parce que je n'ai pas fait de mon mieux. Nous avons tous nos limites physiques et intellectuelles. Une journée, on a plus d'énergie qu'hier ou que demain. C'est comme ça, c'est pourquoi que dans le livre des 4 accords toltèques, l'auteur Miguel Ruiz spécifie qu'au moment où tu accomplis quelque chose, fais simplement de ton mieux avec ce que tu as, avec ce que tu es.

Après une entrevue d'embauche, j'aime bien envoyer un courriel de remerciement, je trouve que cela donne un plus. Ensuite, comme je crois sincèrement avoir fait de mon mieux, si je n'ai pas le poste en question, je n'ai pas à me dire : « J'aurais dû faire ceci ou cela », puisque j'aurai fait de mon mieux. Au même titre que lorsque j'obtiens un poste, je me dis que si je l'ai eu, c'est parce que j'ai sincèrement fait de mon mieux. Pour moi faire de mon mieux est souvent signe de persévérance. Ne pas lâcher tant que je ne l'obtiens pas. Je me suis demandé à moi-même jusqu'à combien de demandes j'aurais fait à l'école de l'humour avant de lâcher prise? Je n'ai pas la réponse à cela, mais ce que je peux vous dire, c'est qu'à ma troisième demande, j'ai dit à Luc Boily qui me passait en entrevue : « *Écoute*

Luc, ça fait trois fois que je viens passer l'entrevue et moi, de mon point de vue, je crois que je suis fait pour l'humour, mais au fond, je suis peut-être pourri et je ne m'en rends pas compte. C'est pourquoi je te demande de me le dire si tu crois sincèrement que je devrais abandonner le projet parce que je n'ai pas envie de revenir ici année après année jusqu'à ce que j'arrive à l'âge de la retraite. » Comme vous le savez, je n'ai pas été accepté cette année-là, mais la suivante. Luc a, par la suite, répondu à mon courriel en me disant que je ne serai peut-être pas accepté non plus l'an prochain, mais pour avoir plus de chances, écris, écris et écris! Persévère!

Je ne sais pas si on peut appliquer ça en amour? Oui tu peux faire ton possible, tu peux faire de ton mieux pour qu'une personne t'aime, mais est-ce qu'on doit persévérer aussi longtemps? Je ne suis pas certain, sinon il y a de fortes chances qu'on se retrouve avec une plainte de harcèlement! Par contre, si la personne ne t'aime pas plus, ce ne sera pas parce que tu n'auras pas fait de ton mieux!

Malheureusement, peu de gens prennent le temps pour réaliser leurs rêves et c'est pour plusieurs raisons, fondées ou pas. Moi, ce que je dis, c'est essaie donc pour voir! Écoute-toi donc! Tu es malheureux en amour? Change! Ça me fait penser à une anecdote; alors que je travaillais à la S.A.A.Q., à la fin de l'examen, je devais donner mon verdict à ma candidate et elle était en échec pour une 5e fois! Une gentille dame venue du Pakistan, je crois, et qui était au Québec seulement depuis 1 an. Elle n'était pas très bonne au volant, pour dire vrai, elle était vraiment mauvaise. J'ai dû intervenir à quelques reprises pour éviter des accidents. Lorsque je lui ai annoncé son échec, elle pleurait, elle me suppliait de lui remettre son permis de conduire, car son mari l'avait avertie que c'était sa dernière chance pour réussir, qu'il ne voulait plus qu'elle dépense d'argent pour son permis de conduire. Je lui ai suggéré de persévérer, mais elle continua de me dire que son époux ne voulait plus, alors je lui ai dit de changer de mari! Elle m'a répondu en disant que dans sa religion, il lui était impossible de changer de mari, alors je lui ai dit que si cela ne lui convenait pas, de changer de religion! Elle a fini par cesser de pleurer et elle a ri tout simplement.

Plusieurs nouveaux arrivants m'ont dit qu'ils ont choisi de s'installer au Canada pour offrir un monde meilleur à leurs enfants, parce que dans leur pays d'origine, aucun avenir n'était envisageable. Ces gens-là sont partis de loin avec presque rien sauf une chose, la motivation d'offrir un monde meilleur pour leur enfant! Des gens qui travaillent à la sueur de leur front à laver de la vaisselle pour un maigre salaire, sachant par contre qu'en passant à l'action, c'est-à-dire en prenant le courage de s'installer dans un autre pays, ils offraient en cadeau à leur enfant « Le choix! »

J'ai vu un monsieur d'origine indienne prendre une journée de congé pour l'examen de son fils. Son fils m'expliqua que lui et sa famille habitaient à Brossard et que son père qui ne parlait pas vraiment français voyageait entre Brossard et Sherbrooke chaque jour pour travailler comme cuisinier dans un restaurant chinois! Le monsieur était déterminé à faire vivre sa famille!

L'ex-mari de ma sœur, un Iranien d'origine, dont je salue son courage et sa détermination, car lorsqu'il est arrivé ici à l'âge de 18 ans environ, il ne parlait ni français, ni anglais. Il a commencé par laver de la vaisselle dans un restaurant, ensuite, il est devenu « boss boy », puis finalement cuisinier. Cela a été son école pour apprendre le français et l'anglais. Il faut croire que ma sœur a dû lui donner quelques cours de langue en privé, puisqu'ils ont eu deux enfants ensemble! Son ex-mari, alors qu'il était âgé de 18 ans et qu'il faisait la guerre du Golf, a été grièvement blessé, tellement qu'il a passé six mois à l'hôpital. Après six mois, l'armée lui a demandé de retourner à la guerre, mais il a refusé. Il avait le choix, soit qu'il retournait se battre, soit il changeait de pays. Il a choisi la deuxième option. Bien sûr, ça semble facile dit comme ça, mais laisser sa famille dernière soi pour partir dans un pays où tu ne connais pas personne, ou les mœurs et coutumes sont différents ne devait pas être simple. Surtout qu'à l'époque, personne ne connaissait l'existence des accommodements raisonnables!

Qu'est-ce que ça prend pour que tu comprennes que rien ou du moins presque rien n'est impossible! Est-ce qu'il faut t'envoyer dans un pays en voie de développement pour te rendre compte qu'ici, chez vous, presque tout est réalisable! Aux États-Unis, ils appellent ça « Le rêve américain » et jusqu'aux dernières nouvelles, nous sommes aussi en Amérique!

Je me rappelle après avoir reçu le diagnostic de mon médecin sur la présence de mon cancer, j'ai regardé mon épouse et je lui ai dit que si je ne passe pas au travers, au moins, j'aurai tout fait ce que je voulais dans la vie! J'ai une merveilleuse épouse, j'ai de beaux enfants, un travail intéressant, je suis allé à l'École nationale de l'humour, et j'ai même entendu quelqu'un de mes gags à la radio et à la télé! Si je pars, je pars avec le sentiment d'avoir accompli quelque chose. Et c'est là que mon épouse me ramène à l'ordre en me rappelant que je n'ai pas encore fait le tour du monde! N'attendez pas de faire face à la maladie pour passer à l'action! Même malade, on peut faire des choses. Nous sommes peut-être un peu plus limités, mais on peut quand même en faire une bonne partie!

Nous autres, trop souvent, on baisse les bras au moindre obstacle, mais il ne faudrait pas! Autrefois, comme avec les animaux, il existait la loi du plus fort chez les humains. Le plus fort avait la plus belle pièce de viande au souper et possiblement... pour le coucher aussi! Aujourd'hui, ceux et celles qui réussissent sont les plus persévérants. Un échec n'est qu'une déception qui nous oblige à travailler plus fort. Un échec n'est pas la fin en soi. À ce que je sache, toutes les équipes de hockey espèrent faire les séries et gagner la coupe et la majorité perd! Arrivé en début de saison, est-ce que l'entraîneur dit : *« Ça ne sert à rien de travailler fort, si on a perdu l'an passé, c'est comme rien qu'on va perdre encore cette année!»* La réponse bien sûre est non! L'entraîneur va pousser les limites de ses joueurs. Ce n'est pas parce qu'aujourd'hui tu n'obtiens pas quelque chose dans l'immédiat que l'occasion ne se représentera pas à nouveau!

Souvent, et là je vais parler en « JE », parce que c'est mon cas, souvent quand je veux quelque chose, je le veux immédiatement! Je ne veux pas attendre, c'est maintenant! Je ne crois pas être le seul à vivre cette situation. Tout va vite aujourd'hui, alors lorsque nous avons un objectif en tête, nous avons tendance à croire que nous l'obtiendrons dans l'immédiat. C'est certain que pour ma part, si je prends par exemple la première fois que j'ai songé à faire une demande à l'école et le moment de mon acceptation, c'est un peu long et je ne le souhaite à personne, mais pour le reste, c'est normal qu'il y ait quand même un certain délai.
Je connais un auteur finissant de l'école de l'humour qui a réussi à voir son téléroman à

la télé 15 ans après être sorti de l'école, tandis que pour d'autres, ils ne seront pas encore sortis de l'école que leur concept sera acheté par des producteurs. Imaginez si celui qui a pris 15 ans après sa sortie de l'école pour vendre un concept s'il avait abandonné en cours de route? Aujourd'hui, à l'heure où j'écris ces lignes, au grand plaisir de plusieurs, il est en train d'écrire une deuxième saison pour l'automne prochain! C'est de la persévérance, il croyait en son projet. Il n'a pas pris 15 ans pour l'écrire, mais rêvait depuis longtemps d'avoir son émission à la télé.

Comme moi par exemple, dès que je suis sorti de l'école, j'ai créé des concepts télé, mais jusqu'à maintenant, je n'en ai pas vendu un seul. Avoir un refus c'est triste, mais je sais que mon tour viendra et je n'abandonnerai pas. Si ma mémoire est bonne, je crois que les auteurs de la populaire émission « Les Bougons » avaient essuyé un refus de la part du télédiffuseur TQS à l'époque et suite à ce refus, ils sont allés à Radio-Canada. On connaît tout le succès que cette émission a connu!

Parfois j'ai des moments de doute, mais mes proches me ramènent à l'ordre : *« Michel, calme-toi, ça ne fait même pas deux ans que tu es sorti de l'école! »* Quand je vous disais que je veux tout avoir et tout de suite! Je suis un grand rêveur et j'ai beaucoup d'ambition, alors je me voyais vendre plusieurs concepts télé en même temps dès ma sortie de l'école, mais dans les faits, il n'y a qu'une infime partie de personnes qui voit leur projet télé au petit écran, je dois donc prendre mon mal en patience et je continue à y croire.

Je vous fais une confidence maintenant; vous savez l'emploi que j'ai comme coordonnateur au transport? J'ai appliqué exactement sur le même poste quelques années plus tôt. Après une entrevue qui a bien réussie, l'entreprise a choisi une autre personne. Lorsque j'ai posé la question sur ce qu'il me fallait de plus si l'emploi se présentait à nouveau à moi, on m'a répondu : « Rien! » C'est simplement que leur gars entrait mieux dans le moule. De mon côté, comme à l'époque j'étais camionneur, j'ai regardé les formations qui s'offraient à moi, mais rien ne m'intéressait, par contre, j'ai appliqué sur un poste à la S.A.A.Q. comme évaluateur et j'ai eu droit à une belle formation de leur part. Comme vous le savez, durant mon aventure à la S.A.A.Q., j'ai finalement été admis à l'École nationale de l'humour. Comme je l'ai déjà mentionné, ma formation comme évaluateur, plus ma formation comme auteur, a fait en sorte que j'ai pu appliquer à nouveau sur le poste de coordonnateur au transport, mais cette fois, je suis beaucoup mieux outillé qu'il y a plusieurs années! En fin de compte, je l'ai eu le poste de coordonnateur, je n'ai simplement pas pris le chemin habituel.

Trop souvent à mon goût je n'ai pas réussi les examens d'admission à l'école de l'humour, maintenant, qu'est ce que j'ai fait pour augmenter mes chances? Écrire! Écrire! Écrire! J'ai toujours cru que si je ne faisais pas une autre demande pour entrer à l'école, j'étais pour avoir des regrets toute ma vie. Heureusement pour moi, j'ai persévéré! Ce n'est pas des blagues quand je dis que presque tout est possible! Il faut y croire et passer à l'action!

Imaginez-vous que vous êtes décédé et qu'on vous présente deux films. Le premier est le film de votre vie actuelle et le deuxième, est le film qui vous montre la vie que vous auriez aimé avoir. Est-ce que votre vie actuelle vous convient toujours? Il est possible que oui, vous êtes sans doute de ceux et celles qui foncent et qui sont heureux dans la vie. Mais si vous passez votre temps à dire « J'aurais dû faire tel ou tel travail, mais je suis rendu trop vieux ou trop vieille pour tout changer », et bien je crois que vous faites fausse route, surtout que l'espérance de vie augmente d'année en année.

Comme disait mon ami Ray Vincent, ce que je dis est ma vérité à moi, vous n'êtes pas obligé d'y croire. C'est peut-être vous qui avez raison, mais dans ma vie à moi, je ne veux pas de regret, je suis comme ça, et c'est pourquoi j'ai toujours fait de mon mieux pour atteindre mes buts. Il se peut que je ne réussisse pas, mais la journée où je serai sur un lit d'hôpital en train de mourir, il est certain que je n'aurai pas de regret. Si je m'étais arrêté à trois demandes pour l'école et, qu'à ma mort, je visionne mes deux films, on s'entend que je me serais tapé sur la tête, puisque ce n'est qu'à ma quatrième demande que l'école m'a finalement accepté.

Quel est mon film à moi? On jase là! Bon, le passé, je ne peux plus le changer, alors aussi bien vivre avec. Il y a la première partie de mon film que j'aime moins (oui, je suis comme ça, c'est rare que je regarde les drames, je préfère les comédies!). Je n'aime pas beaucoup cette partie du film, mais elle reste essentielle à ma réussite personnelle. Mon premier mariage m'a permis de savoir ce que je voulais et surtout, ce que je ne voulais plus dans ma vie.

Pour la suite, ça commence bien : ma nouvelle épouse qui est merveilleuse, elle qui me suit peu importe mon projet, elle est tellement heureuse de s'être écoutée en se mariant avec moi (un bon film a toujours une histoire d'amour avec une fille très jolie et trop intelligente par rapport au gars), quatre autres enfants plus tard, l'école de l'humour et l'histoire sur la persévérance, ensuite le travail et un cancer (la partie sur le cancer va être assez rapide parce que je n'aime pas non plus les films qui finissent mal!). Le médecin est formel, le cancer est bien là, alors on a une chirurgie et une convalescence. Durant mon arrêt de travail, on peut me voir assis devant mon écran d'ordinateur en train d'écrire : *« Durant mon arrêt de travail, on peut me voir assis devant mon écran d'ordinateur en train d'écrire. »*

Toujours dans mon film, je m'amuse à écrire un paquet de trucs que je présente à des gens de l'industrie et j'attends de bonnes nouvelles (oui, ça, c'est le moment du film où il y a toujours un peu de suspense!). À la suite de ça, les médecins sont unanimes sur ma guérison, mon cancer est parti et nous célébrons au champagne. (Un film à gros budget! Merci à Téléfilm Canada.) À travers l'écriture des sketchs et des monologues, j'écris un livre qui ressemble étrangement à une biographie, mais qui n'est qu'un témoignage sur l'espoir et la persévérance. Le livre remporte un grand succès, l'auteur et son éditeur sont comblés de savoir que le livre sera exporté en Europe.

Dans mon film, nous voyageons minimum deux fois par année. Une fois en couple et une fois en famille. Je continue comme chaque année, de prendre une fin de semaine de pêche avec mes deux meilleurs amis et ça sera toujours moi qui prendrai le plus grand nombre de poissons. (Quoi? C'est mon film, donc, c'est moi qui décide!) Durant ma fin de semaine de pêche, je raconte à mes amis ma fin de semaine à New York que j'ai passée avec mon épouse. (J'ai failli faire passer ma fin de semaine de pêche entre amis avant ma fin de semaine d'amoureux! Ouf! Je me suis rattrapé!)

Mon éditeur me téléphone pour me dire qu'on manque de copie, je le mets en attente, car ça sonne sur l'autre ligne, c'est un producteur qui me fait une offre que je ne peux pas refuser pour un de mes projets. Je suis maintenant en train d'écrire une lettre de démission, car je dois maintenant quitter mon poste de coordonnateur, puisque j'ai besoin de plus de temps pour l'humour et ça me rapporte deux fois plus d'argent.

On m'offre par la suite de faire des conférences dans plusieurs endroits afin de motiver les gens à poursuivre leur objectif, ce que j'accepte avec joie, d'autant plus que ça me fait vendre encore des livres. (L'auteur laisse croire à son entourage que c'est pour vendre des copies, mais au fond, on comprend que l'auteur fait ça pour aider les gens.)

Dans mon film, je suis l'auteur qui touche le plus les gens avec le cœur grâce à mon humour engagé. Ma réputation est faite, dès qu'on veut faire rire et réfléchir les gens, c'est moi qu'on appelle. On m'offre non seulement d'écrire pour des humoristes, mais on m'offre également de présenter mes propres textes devant un merveilleux public. (Non, mais, je suis aussi bien de commencer à vous téter un peu!)

Alors que je suis à l'émission : « Tout le monde en parle », Guy A. Lepage me dit : « *Michel, la question qui tue! Est-ce vrai que tu as écrit un scénario trois X?* ». Je lui réponds que oui, que c'est une comédie porno et que je me suis bien amusé à l'écrire. Guy A. en offre une copie à un invité sur le plateau.

Toujours dans mon film, le taux de suicide chez les autochtones chute drastiquement. Le film n'est pas clair sur le sujet à savoir si c'est en partie grâce à mon livre de motivation ou bien grâce à mon scénario trois X. Mais une chose est certaine, c'est que les autochtones ont un objectif clair : étudier pour mieux réussir à sauvegarder leur culture, plutôt que de voir un Métis passer du temps à promouvoir la réussite et le cul!

Moi qui ai toujours eu comme véhicule un sept passagers, maintenant que j'ai beaucoup d'argent, je m'offre une voiture pour les fois que je me déplace seul, c'est une BMW, Z4 noire avec le logo de Batman sur le capot. (Mon côté petit gars qui ressort.)
Ensuite, quelque part dans le temps, je me fais bâtir une maison multi générationnelles (avec un « s » parce que je veux qu'il y ait suffisamment de pièces pour mes parents et

ceux de mon épouse). Ça sera un plein pied parce que lorsqu'on vieillit, il faut faire attention à nos genoux. J'engage une infirmière (une belle infirmière là!) et une préposée qui viendront s'occuper des aînés.

Mes enfants grandissent dans la joie et l'abondance, bref, nous sommes une famille comblée de bonheur et choyée par la vie!

Je suis rendu là dans mon film. Il y a encore plein de belles choses à voir, mais je me laisse un peu de temps pour y penser.

Moi, je vous invite à écrire votre film! Le film de votre vie! Allez! Tout débute par une pensée, une passion, un rêve. Ensuite, on se fixe des objectifs, et surtout, on s'en occupe, on ne fait pas que s'en préoccuper, on s'en occupe! Voyez le bon côté de la vie afin d'être joyeux et riez, parce que les gens aiment s'entourer de personnes qui sont agréables à côtoyer et à travailler avec.

Faites de votre mieux et n'ayez aucun regret. Il peut arriver qu'en cours de route que nous mettions un genou par terre et c'est correct, ça fait partie du processus. On peut même manger, comme je l'appelle, des coups de deux par quatre en plein visage, mais il ne faut pas s'arrêter là. Si vous n'avez pas ce que vous souhaitez tout de suite, c'est parce que quelque chose de mieux s'en vient. La vie vous prépare une surprise et si elle vous dit ce qui s'en vient à l'avance, ça ne sera plus une surprise!

Allez! Vivez l'humour librement! Amusez-vous à créer votre vie. Jusqu'à preuve du contraire, nous n'en avons qu'une, alors aussi bien en écrire le scénario!

Épilogue

Ça y est, café à la main, j'attends, assis sur des souvenirs douloureux, prêt à terminer un chapitre.

Me voilà au palais de justice, le même que j'ai fréquenté quelques années plus tôt, mais cette fois, j'y suis pour faire cesser ma pension alimentaire que je paye pour ma grande fille. Elle a terminé l'école, elle travaille, elle vole de ses propres ailes maintenant. Le fait de ne plus voir écrit : « Pension alimentaire » sur mon talon de paye, crée une coupure entre sa mère et moi. Quoi qu'il y a déjà plusieurs années que l'on ne se parle plus, en fait la dernière fois que je lui ai parlé c'était pour lui rappeler qu'elle devait mettre ma fille dans l'autobus le vendredi comme le stipulait clairement le jugement.

Nous sommes dimanche, je viens tout juste de déposer ma grande de 19 ans dans l'autobus qui l'amènera à deux cents kilomètres de là et comme je n'ai plus de pension à payer et que j'ai tourné la page, je n'ai plus de peine de la voir partir... Erreur! Qu'est-ce qui se passe encore! Mes émotions sont toujours présentes comme depuis les treize dernières années. Rien ne change, j'ai encore de la peine de la voir partir, je suis peiné qu'elle me manque tant. Qui peut me dire à partir de quand mon cœur de papa cessera d'avoir mal le dimanche? Je ne suis pas expert, mais il doit bien y avoir une date de péremption sur les émotions?

Heureusement pour moi, je suis en route vers la maison où mon épouse et mes quatre autres enfants se feront un plaisir à me «surdoser» de câlins!

Et l'humour dans tout ça? Hiver 2013, j'ai dû annuler mes deux premiers douze minutes de numéro que je m'étais « booké », car au travail, je devais donner deux à trois formations par jour d'une durée de deux heures chacune et vous vous rappelez ce cancer? Bien qu'il soit parti, il a laissé des traces et lorsque j'arrivais à la maison, je n'avais plus beaucoup de voix et la gorge m'héritais, alors c'est la raison pour laquelle j'ai annulé mes deux présences sur scène. De plus, le médecin ajuste mensuellement la quantité de syntroïde que je dois prendre, donc j'étais un peu épuisé une fois rendu en soirée.

Mais sérieusement, ce n'est pas grave, car je m'amusais bien à former les gens, j'avais de l'attention! Le mordu en moi de sécurité routière se donnait en spectacle! Cette passion s'est développée avec les années *(et oui, une autre passion!)*. J'écrivais des formations et je les présentais. Jean-Pierre Plante qui me disait que je dois faire de l'écriture alimentaire pour débuter ma carrière d'auteur a vu juste. Combiné à ça le goût d'être le centre d'attention que j'ai acquise en regardant Ray Vincent ainsi que la passion de transmettre mes connaissances que Patrick Colin, formateur à la S.A.A.Q. m'a transmis, je ne pouvais qu'être comblé!

2013, j'ai enfin remonté sur scène, et j'ai décidé de le faire plus souvent !

Avec des amis j'ai essayé de débuter une série de spectacles et de conférences pour amasser des fonds pour lutter contre le cancer, mais sans trop de succès, par contre, je suis devenu enseignant pour le DEP en transport ; faire rire pour stimuler leurs apprentissages, motiver des adultes qui font un retour aux études, bref j'ai un public chaque jour et je gagne assez bien ma vie pour emmener mes enfants en vacances !

De plus, 2012 e 2014 mes capsules web dans le cadre «Des rendez-vous de la francophonie» sont parmi les finalistes.

Les lundis de l'automne 2014, l'émission «Rien à cacher» est en ondes, et je continue à écrire des projets d'émission télé que j'essaie d'offrir à des maisons de productions.

Je vous invite à vous procurer sur «Amazone» mon dernier livre «Supère» , une comédie cette fois !

On se voit dans un écran près de chez vous!

Remerciements

Et oui, comme dans plusieurs livres, il y a des remerciements! Un gros merci à mes parents pour avoir créé un petit gars sans lui donner de restrictions. Merci à Ray Vincent, ce célèbre conférencier motivateur des années 80 qui a suscité en moi le goût du spectacle et qui m'a permis de croire que tout est possible. Merci à Robert Parent, philosophe d'Action, qui m'a indiqué le chemin pour maximiser mon temps. Merci à tous mes enseignants de l'École nationale de l'humour de m'avoir montré le chemin. Merci aux madames de l'École, je parle bien sûr de Louise Richer, notre directrice, de Josée Charland, de Ines Lenzi et sans oublier notre Suzanne Murphy qui est toujours sur la ligne de front face aux étudiants fous que nous sommes! Ces dames qui ont toujours une oreille pour un gars épuisé et qui a le goût d'en parler! Merci à mes anciens camarades de classe de l'ÉNH et à mes anciens collègues de travail de la S.A.A.Q. qui ont supporté mes sautes d'humeur durant l'année scolaire.

Merci à Daniel Picard de Pic-Art production, merci pour ta confiance face à tes projets télé et tes projets de scènes. Merci à

Vincent Lemay-Thivierge qui a été le premier à me laisser ma chance d'écrire il y a déjà plusieurs années. Merci Diane Perron pour la correction. Merci à mes enfants pour leur patience. Merci à mon amour, Joëlle qui me soutient depuis toujours dans tout ce que j'entreprends. Pour terminer, merci à moi-même de me permettre de publier mon premier livre et de croire en mes rêves!

FIN

Dépôt légal janvier 2014. ISBN 978-2-9814399-0-1
Édition Michel Proulx
Châteauguay, QC
michelproulxhumour@videotron.ca
http://michelproulxhumour.wix.com/michel-
proulx-humour